W0057240

Jeder Tag ist ein Geschenk

Atempausen für die Seele

Jeder Tag
ist ein Geschenk

Atempausen für die Seele

HERDER

FREIBURG · BASEL · WIEN

Sonderband 2011
Herausgegeben von Ulrich Sander

Beiträge:

Petra Altmann
Benedikt XVI.
Otto Betz
Dietrich Bonhoeffer
Phil Bosmans
Joan Chittister
Peter Dyckhoff
Ylva Eggehorn
Anselm Grün
Christian Heidrich
Gisela Ibele
Margot Käßmann
Odilo Lechner
Marcus C. Leitschuh
Antje Sabine Naegeli
Henri Nouwen
Karl Rahner
Richard Rohr
Andrea Schwarz
Christa Spilling-Nöker
David Steindl-Rast
Pierre Stutz
Paulus Terwitte
Weifan Wang
Bärbel Wartenberg-Potter
Notker Wolf

Vorwort

„Es gibt Tage, da scheint die Sonne. Du lachst, du möchtest vor Freude platzen. Und du weißt nicht, warum", schreibt Phil Bosmans. Wenn das Leben sich von seiner Sonnenseite zeigt, denken wir selten über Gründe nach. Warum auch? Schließlich will das Glück der Stunde nicht durch Grübeln zerrieben, sondern froh ergriffen werden. Dennoch lohnt es sich manchmal, innezuhalten, denn das Glück überfällt Menschen nicht einfach von außen, sondern es braucht Herzen, in denen es wohnen kann, die nicht schon zugestellt sind mit bitteren Gedanken oder überfüllt von Arbeit, Leistungsdruck und Sorgen.

Daher möchte dieses Buch dazu einladen, dass wir unserem Alltag Atempausen gönnen, Momente, in denen wir – und sei es nur für eine kurze Zeit – bewusst bei uns selbst „ankommen" und zu Hause sind (Kapitel 1).

Wer solchen Momenten des inneren Einklangs nachspürt, dem kann aufgehen, wie sehr das Leben ein Geschenk ist. Plötzlich sehen wir tausend Dinge, die uns Anlass geben, dankbar zu sein. Oft meinen wir, dass nur glückliche Menschen dankbare Menschen sein könnten, und erkennen auf einmal, dass es umgekehrt ist: Nur dankbare Menschen sind glückliche Menschen. Wir entdecken, dass unser Leben zu leuchten beginnt, wenn wir versuchen, mit dankbaren Augen darauf zu schauen (Kapitel 2).

Von dieser Einsicht sind die bekannten Autorinnen und Autoren dieses Bandes beseelt. Sie erzählen aus eigener Erfahrung, wie sehr für sie Dankbarkeit den Kern und die Mitte aller Lebenskunst darstellt (Kapitel 3). Dankbarkeit ist der Schlüssel, um die Beziehungen zu anderen Menschen als Quelle von Lebensfreude zu erfahren und sie vor allem als Bereicherung zu erleben und nicht als Last (Kapitel 4).

Dankbarkeit ist der Weg, der uns offensteht, um auch dunkle Stunden als kostbare Zeit zu verstehen und annehmen zu können (Kapitel 5).

„Der Mensch folgt dem Rhythmus des Meeres: Ebbe und Flut", schreibt Phil Bosmans: Die Gewissheit, dass dieses Auf und Ab unserer Lebenszeit in guten Händen geborgen ist, hilft Menschen, Ja zu sagen zum Rhythmus des Lebens (Kapitel 6). Für den amerikanischen Benediktinerpater David Steindl-Rast sind „Dankbarkeit" und „Spiritualität" daher austauschbare Begriffe. Bei beiden geht es darum, sich einzuüben in eine Haltung der offenen Hände, die das Leben in all seinen Farben und jederzeit als Geschenk empfängt und annimmt.

Wir alle kennen die gegenteiligen Erfahrungen und leben in einem sozialen Klima, in dem es als Lebensleistung gilt, „niemandem etwas verdanken" zu müssen und alles aus eigener Kraft bewerkstelligt zu haben. Die Lebenskunst der Dankbarkeit ist deshalb auch ein Widerstand gegen diese verbreitete Haltung, die uns alle überfordert und die den Blick der Menschen eingrenzt auf den kleinen Kreis des Selbstgemachten. Aber nur wer dankbar für das Empfangene ist, wird bereit sein, auch Bäume zu pflanzen, deren Früchte erst die Kommenden ernten werden.

Die Lebensweisheit der Autorinnen und Autoren dieses Bandes weiß: Den Dankbaren gehört die Zukunft.

Ulrich Sander

1   Atempausen für den Alltag

2   Wofür ich dankbar bin

3   Das Gedächtnis des Herzens

4 Du brauchst nicht allein zu gehen

5   Kostbare schwere Zeit

6   Unsere Zeit in guten Händen

Dankbar

David Steindl-Rast

Wenn man alles Glück der Welt besitzt,
es aber nicht als Geschenk betrachtet,
dann wird es einem keine Freude schenken.
Doch selbst ein Missgeschick
wird denen Freude schenken,
denen es gelingt, dafür dankbar zu sein.

1

Atempausen
für den Alltag

Im eigenen Rhythmus zu Hause sein
ist wie ein Stück Ewigkeit.

Schwester Gisela Ibele

Im Einklang

Anselm Grün

In meiner Jugend habe ich berühmten Vorbildern nachgeeifert. Vorbilder haben einen Sinn. Sie werden zwar im Laufe eines Lebens wechseln – und sollen das auch. Aber ein motivierender Ansporn bleibt auf jeden Fall. Aber: Wenn ich nur auf sie fixiert bin, werde ich nie mit mir zufrieden sein können. Heute bin ich dankbar für das, was ich bin. Natürlich kenne ich manchmal noch Gedanken wie: „So gut möchte ich formulieren können wie …". Doch wenn ich das merke, dann versuche ich, bei mir zu sein und mir vorzusagen: „Ich bin ich. Und es ist gut so, wie ich bin. Ich tue das, was für mich stimmt."

Wenn es mir dann gelingt, ganz im Einklang mit mir selbst zu sein, und dankbar anzunehmen, was Gott mir an Fähigkeiten gegeben hat, aber auch dankbar zu sein für die Grenzen, die ich wahrnehme, dann ahne ich, was wirkliches Glück ist. Ich sitze da, atme ein und aus und genieße es, das Leben zu spüren, mich in meiner Einmaligkeit wahrzunehmen. Dann schmecke ich das Leben, dann koste ich das Glück. Ich muss nichts gewaltsam oder verbissen ändern, nicht ständig an mir arbeiten.

Ich bin der, der ich bin, von Gott so geformt und gebildet, in seiner Liebe geborgen, bedingungslos bejaht. Dann ist Frieden in mir.

Dann ist alles gut.

Pausen im Alltag

Petra Altmann

Manchmal habe ich das Gefühl, ich sei in einem Hamsterrad. Zwar läuft dieses wie geschmiert, aber die ständigen Umdrehungen erlauben es mir nicht, auszusteigen und einfach einmal eine Pause zu machen. Gar nichts zu tun, zu faulenzen, nachzudenken, meinen Tagträumen freien Lauf zu lassen.

Manche Tage laufen wirklich gut. Man kann eine Menge erledigen, Berge abarbeiten und Dinge auf den Weg bringen, die einen schon eine ganze Weile beschäftigten. Dann freue ich mich am Abend über das, was ich erledigen konnte und bin dankbar dafür, dass an diesem Tag alles so gut gelaufen ist. Aber wenn ich glaube, jetzt nun wirklich alles Wichtige getan zu haben, türmen sich schon bald neue Berge auf, die darauf warten, bearbeitet zu werden. Wenn der Schreibtisch aufgeräumt ist, gibt es Dinge in Haus und Garten zu tun. Wenn man das erledigt hat, warten Verpflichtungen außer Haus. Und dann wollte man ja schon längst wieder die kranke Freundin besuchen, ein Treffen im Freundeskreis organisieren, in die Oper gehen und die neue Ausstellung ansehen. Termin reiht sich an Termin, Aufgabe an Aufgabe.

Eigentlich alles kein Problem und im Einzelfall auch wirklich interessant und reizvoll. Nur – in dieser Kette von Verpflichtungen verliert das einzelne Glied an Wert, und irgendwie ist man nur noch damit beschäftigt, Erledigungslisten zusammenzustellen und die Punkte abzuhaken. Auch wenn keine großen Pannen passieren, geht dabei so manches unter – das Auskosten der Freude über eine gelungene Arbeit beispielsweise, der lang anhaltende Spaß an einer lebhaften Konversation, die Dankbarkeit für die vielen schönen

Momente eines Tages. Es muss eben alles weitergehen wie am Schnürchen. Muss es das wirklich? Muss tatsächlich erst einmal ein großer Fehler passieren, damit wir die Bremse ziehen? Schaffen wir es nicht von selbst, in regelmäßigen Abständen innezuhalten und uns zu besinnen? Ich bin sicher, mit ein wenig Mühe und geringem Organisationsaufwand schafft es jeder von uns. Man muss nur den Willen dazu haben und sich manchmal ein wenig selbst überlisten.

Im Verlaufe eines Arbeitstags kann man sicherlich einmal fünf Minuten die Bürotür schließen, den Stift beiseitelegen, sich mit dem Rücken zum Computer setzen und die Augen schließen. Oder vor Beginn einer neuen Tätigkeit ein paar Mal tief durchatmen und überlegen, wie man sie überhaupt angehen möchte. Auch am Abend kann man den ein oder anderen Arbeitsvorgang durchdenken und sich gegebenenfalls Notizen machen. Wer Angst hat, dass ihm die Zeit davonrennt, kann sich ja einen Wecker stellen, der nach fünf Minuten klingelt. Fünf Minuten sind nicht viel, aber sie können sehr hilfreich sein, um in sich zu gehen, Distanz zu bekommen, die Blickrichtung zu wechseln und damit am Ende vielleicht auch noch Zeit zu sparen.

Sie werden merken: Innehalten ist immer ein Gewinn – vor allem für uns selbst. Und dafür können wir dankbar sein.

Atempausen auf dem Weg

Christa Spilling-Nöker

Einfach gerne leben, wer wollte das nicht? Aber mit dem guten Willen allein ist es oft nicht getan. Da stellt sich einem ein unerwartetes Problem in den Weg, man gerät plötzlich in eine Krise, Belastungen scheinen einen schier zu erdrücken und man weiß nicht mehr aus noch ein. Manchmal ist man froh, wenn man gerade einmal den nächsten Tag übersteht. So gewinnt man ein Lebensgefühl, als stünde man vor einem Berg, den man erst einmal überwinden muss, um endlich das Leben zu fassen zu kriegen, um endlich gerne, weil von Sorgen befreit, leben zu können. Man könnte nun seine Jahre damit verbringen, von einem Berg zum anderen zu wandern – immer in der Erwartung, dass das Leben, das eigentliche, doch noch irgendwann kommen müsse.

Wer einmal eine Bergtour gemacht hat, der weiß um die Anstrengungen, die damit verbunden sind, bis man das Gipfelkreuz erreichen konnte. Doch wenn man unterwegs innegehalten und eine Pause eingelegt hat, taten sich einem wundervolle Ausblicke auf, landschaftliche Panoramen zogen die Blicke in ihren Bann. Selbst auf beschwerlichen Pfaden gab es rechts und links des Weges eine vielfältige Vegetation zu bestaunen, dazu Schmetterlinge mit kunstvoll gemusterten Flügeln oder seltene Käfer. Und die Brotzeit auf halber Strecke mundete einem besser als ein Essen in einem fürstlichen Lokal.

Der Weg selbst also war, wie es redensartlich heißt, das Ziel, er wurde, trotz aller Beschwernisse, zu einem einzigartigen, unvergesslichen Erlebnis.

Dieses Bild lässt sich unschwer auf unser Leben übertragen. Auch auf den mühsamen Pfaden unserer alltäglichen Daseinsbewältigung gibt es Lichtblicke, die uns ins Staunen versetzen. Mitten in dem Versuch, eine Unannehmlichkeit aus der Welt zu schaffen, erleben wir eine heitere, humorvolle Situation, die uns schmunzeln lässt, so dass wir unser Problem – wenigstens vorübergehend – vergessen. Zudem vermag uns ja vielleicht auch tatsächlich die Beobachtung eines Schmetterlings oder das Lauschen auf den Gesang eines Vogels für einen Moment unserer Sorgen zu entrücken. Der Genuss einer köstlichen Mahlzeit, ja die Freude an all unseren Sinnen, an Musik und Tanz, an beglückenden Begegnungen, zärtlichen Worten oder liebevollen Überraschungen kann uns dazu bewegen, aufmerksamer und achtsamer als bisher mit unserem Leben umzugehen.

Vielleicht schenken wir uns infolge solcher Erfahrungen in Zukunft ganz bewusst mehr Pausen, um inmitten aller Betriebsamkeit aufzuatmen und uns anschließend den täglichen Anforderungen wieder ruhiger und gelassener stellen zu können. Je mehr wir auf der Wanderung durch den Tag lernen, solche freundlichen Augenblicke voll auszukosten, umso mehr wird es uns möglich, die Zeit unseres Daseins mit einem Herzen voller Dankbarkeit und Zuversicht immer wieder zu genießen und tatsächlich einfach gerne zu leben.

Gipfel-Meditation

Petra Altmann

Zu den ureigenen klösterlichen Ritualen gehören spirituelle Übungen. Die Meditation als Rückzug in sich selbst ist eine davon. Sie wird seit vielen Jahrhunderten von den Ordensleuten praktiziert. Die Meditation gehört zu ihrem festen Tagesablauf. Meist wird der Tag mit diesem Ritual begonnen, manchmal auch damit beendet. Ich hatte das Glück, des Öfteren gemeinsam mit Menschen aus dem Kloster in die innere Stille aufbrechen zu können. Wer selbst auch schon einmal mit Ordensleuten zusammen meditiert hat, weiß, wie hilfreich ihre Anleitungen sein können. Diese Erfahrungen waren für mich wichtige Inspirationen. Sie haben mir Impulse gegeben, meine eigenen Wege in die Stille zu finden. Diese sind sehr bunt und vielfältig. Und ich entdecke immer wieder neue Wege – wenn ich mir die Zeit nehme und achtsam bin.

Auf dem Weg zum Gipfel: eine meditative Reise

„Mit Christus unterwegs zu sein bedeutet auch, nicht viele Worte zu machen, denn er weiß um dich. Öffne dich ihm im einfachen, sich wiederholenden Gebet und sei allen im Himmel und auf Erden dankbar, die dich auf diesem Weg unterstützen und begleiten" (Basilius von Cäsarea).

Manchmal ist das Leben ein Hürdenlauf. Ein gestecktes Ziel scheint in unerreichbarer Nähe. Zu viele Steine blockieren den Weg zum Gipfel. Wenn der Pfad zu mühsam wird, ist dies ein Zeichen innezuhalten, bevor einen die Verzweiflung übermannt.

Schließen Sie die Augen und setzen Sie sich gedanklich an den Wegesrand. Atmen Sie so lange tief ein und sehr

　　　　　Atempausen für den Alltag

lange aus, bis Sie innerlich zur Ruhe gekommen sind. Betrachten Sie den Weg, den Sie schon hinter sich gelegt haben. Ein ganzes Stück haben Sie gewiss bereits geschafft. Freuen Sie sich darüber und seien Sie ein wenig stolz darauf.

In dem Bewusstsein, schon einige Hürden gemeistert zu haben, können Sie nun gedanklich nach vorne blicken. Betrachten Sie in Ruhe, was Ihnen im Weg liegt. Heften Sie den Blick auf den ersten „Gesteinsbrocken", der Ihnen zu schaffen macht. Vielleicht ist er aus der Nähe betrachtet gar nicht mehr so gewaltig, und es fällt Ihnen eine Lösung ein, wie Sie ihn nun ohne große Anstrengungen aus dem Weg räumen können. Gehen Sie jetzt mit etwas mehr Gelassenheit Richtung Gipfel.

Wenn die nächste Hürde kommt und sie Ihnen unüberwindbar scheint, überlegen Sie, wer Ihnen helfen könnte, sie beiseite zu räumen. Sie müssen die Zügel nicht immer in der Hand behalten. Öffnen Sie sich, vertrauen Sie und lassen Sie sich führen. Reichen Sie Ihrem unsichtbaren Begleiter die Hand, möglicherweise kennt er einen anderen Weg zum Gipfel. Seien Sie dankbar für diese Unterstützung. Sie merken, dass der Weg zu zweit besser zu meistern ist.

Halten Sie inne und betrachten Sie die nächste Wegstrecke. Die Ruhe hilft Ihnen, Klarheit zu gewinnen für die weitere Etappe Richtung Gipfel. Vielleicht wird Ihnen auch deutlich, dass Sie Ihre Zielvorgaben ein wenig revidieren müssen. Aber das ist kein Problem, denn Sie haben ja schon eine gute Wegstrecke zurückgelegt. Dies gibt Ihnen Zuversicht, auch den Rest zu schaffen.

Und so können Sie sich getrost wieder der Realität stellen, denn Sie wissen ja: Wenn Sie glauben, nicht mehr weiterzukommen, müssen Sie sich nur wieder an den Wegesrand setzen und die nächsten Schritte genau ins Visier nehmen, bis Sie Ihr Ziel erreicht haben.

Zusage

Du brauchst nicht
das Unmögliche möglich zu machen
du brauchst nicht
über deine Möglichkeiten zu leben
du brauchst dich nicht
zu ängstigen
du brauchst nicht
alles zu tun
du brauchst
keine Wunder zu vollbringen
du brauchst dich nicht
zu schämen
du brauchst nicht
zu genügen
durch brauchst Erwartungen an dich
nicht zu entsprechen
du brauchst
keine Rolle zu spielen
du brauchst nicht immer
kraftvoll zu sein

und du brauchst nicht
alleine zu gehen

Andrea Schwarz

Mit allen Sinnen dankbar

Schwester Gisela Ibele

„Alles logisch" – so höre ich manchmal junge Leute ganz salopp reden und kann sie in diesem Moment gut verstehen. Menschen suchen das Logische, das wir vorhersagen und bestimmen können. Wenn ich in mein Leben schaue, suche ich auch Logik. Ich verbinde sie mit Sicherheit, mit Regeln und Ordnung. Der heilige *Bernhard* hat seinen Brüdern ein paar Lebensweisheiten mitgegeben, die über Jahrhunderte ihre Gültigkeit bewahrt haben. Da heißt es zum Beispiel: „Es ist gut und tut gut, auch für sich selbst ein aufmerksames Herz zu haben. Es ist und tut gut, auch sich selbst Aufmerksamkeit zu schenken. Es ist und tut gut, sich selbst nicht fremd zu sein. Es ist und tut gut, auch zu sich selbst gut zu sein. Es ist und tut gut, auch für sich selbst da zu sein." Nicht nur an andere denken, sondern auch an mich. „Gönne dich dir selbst" – diese Lebenslogik könnte heute über meinem Tag stehen.

Die Morgendusche

Der japanische Dichter und Teemeister *Sen no Rikyu* (1522–1591) gibt uns einen einfachen Wellness-Tipp: „Wenn du das Geräusch der Wassertropfen hörst, die in eine Schale fallen, wirst du fühlen, wie der Staub aus deinem Geist weggespült wird." Bei meiner morgendlichen Dusche fällt mir dieser Gedanke oft ein.

Ich lasse das Nass über meine Haut perlen und stelle mir vor, wie dieses quicklebendige Element nicht nur Schlaf aus meinem Gesicht wäscht, sondern auch meine Seele erfrischt. Sie mögen sagen: Was ist schon ein einzelner Wassertropfen? Im Alltag schenken wir ihm kaum Beachtung.

Aber: Wenn ich einem Wassertropfen zuhöre und über seine Kraft staune, dann kann ich auch meine Innenwelt hören. Mein drittes Ohr, das des Herzens, nimmt so die Töne des Lebens wahr. Achten Sie mal drauf!

Durchatmen

„Mir steht das Wasser bis zum Hals" – „Ich habe die Nase voll" – „Ich bekomme keine Luft mehr zum Atmen". Sie kennen sicher viele von diesen Sprüchen. Belastungen engen ein, deswegen spüren wir den Stress vor allem im Hals. Wir atmen kurz und oberflächlich, der Hals wird eng – so eng, dass wir das Gefühl haben, gar nicht mehr frei atmen zu können. Da hilft nur eines: die Weite suchen, tief durchatmen! Der Atem beeinflusst unser vegetatives Nervensystem, mit ihm finden wir zur Ruhe. Suchen Sie sich einen ruhigen Standort, stehen Sie locker und entspannt auf beiden Beinen, schließen Sie die Augen. Konzentrieren Sie sich, verlagern Sie Ihr Körpergewicht auf je ein Bein. Atmen Sie ruhig und regelmäßig. Sie werden spüren: In dieser Konzentrationsübung verfliegen Ihr Stress und Ihre Anspannung – und Sie können das tolle Körpergefühl, bei sich zu sein, richtig genießen.

Die Mittagspause

Das ist Ihnen bestimmt auch schon aufgefallen: In Mittelmeerländern sind um die Mittagszeit auf den Straßen fast keine Menschen zu sehen. Vielleicht ein paar Deutsche, aber die Einheimischen wissen um den Gewinn eines Mittagsschlafes. Ein Päuschen tut gut und ist gesund, das beweisen zahlreiche Studien. Jeder Mensch braucht zwei Schlafphasen: eine lange in der Nacht und eine kurze am frühen Nachmittag. Denn gegen 13 Uhr überfällt uns ein Leistungstief – und genau da hilft ein kurzes Nickerchen, um wieder frisch und munter zu werden. Allerdings darf der Mittagsschlaf nicht zu lange gehen, ruhen Sie nicht länger als etwa 15 bis 20 Minuten. Hinterher ein paar leichte Lockerungsübungen, und man ist wieder fit. Die neue Leistungskurve am Nachmittag kann uns wieder motivieren und begeistern.

Am Abend „Danke" sagen

Wir können unseren Tag einteilen, strukturieren, berechnen und abrechnen. Aber das Eigentliche im Leben können wir nicht einplanen, einfordern und erzwingen. Wir brauchen nur mit offenen Sinnen durch die Welt zu gehen, und Dankbarkeit wird uns beinahe überwältigen. Wenn ich mit dankbaren Augen und dankbarem Herzen auf mein Leben schauen lerne, bleibe ich innerlich lebendig. Es ist ein gutes Ritual, am Abend nach Gründen zur Dankbarkeit zu schauen. Lebensmut wächst uns zu, und die sogenannten Kleinigkeiten des Lebens bekommen ein ganz anderes Gewicht.

Übrigens: Dankbarkeit kann man lernen. Es lohnt sich.

Atem-Pausen

Pierre Stutz

Im Gestalten meines Tages kann ich einen gesunden Rhythmus einüben, der notwendig ist in einer Welt, in der wir vor unzähligen Informationen und Wahlmöglichkeiten stehen. Es ist dies eine Lebensqualität, die wir nicht missen möchten und die zugleich zu viel innerem Stress führen kann; wir spüren die Qual der Wahl. Sich entscheiden zu können braucht Kraft. Ich kann sie mir holen, indem ich mir den Tag hindurch kleine Zwischenräume gönne. Dabei muss ich nicht sehr viel tun, sondern die Kraft der Langsamkeit und der Entschleunigung kultivieren, indem ich mein Aufstehen, mein Duschen, mein Essen, mein Sitzen, mein Gehen, meinen Arbeitsbeginn, meine Pausen mit kurzen Atem- und Körperübungen beginne. Mit wenigen, unscheinbaren Gesten kann ich ausdrücken, was wirklich wesentlich ist im Leben. Ich erinnere mich und andere, dass wir alle viel mehr sind als unsere Leistung und als unser Erfolg.

Heute
achte ich beim Aufstehen
auf meinen Atemfluss
mein wohltuender Rhythmus
erinnert mich
an den Geschenkcharakter
allen Lebens

Heute
lass ich mich nicht leben
sondern lebe aus meiner atmenden Mitte

In der Mittagspause liegt die Chance, Druck abzugeben. Da sind jene Momente, in denen wir uns durch wohltuende Bewegungen lockern können. Beim Essen zu essen und nicht eigentlich an etwas anderes zu denken, mittags auf meinem Weg an einem Brunnen zu verweilen, ein Gang durch den Garten kann durch die bewusste Wahrnehmung zu einer Kraftquelle werden. Beim Gehen spüre ich den Boden unter meinen Füßen.

Heute
gebe ich in der Mitte des Tages
bewusst Druck ab
im tiefen Ein- und Ausatmen
mein Bodenkontakt verhilft mir
zu diesem wohltuenden Innehalten

Heute lockere ich vor dem Essen
meinen Schulterbereich
ich atme in meine Verspannungen hinein
damit das Essen zum Genuss wird

Heute
erinnere ich mich am Mittag
wie ich durch meine Atempause
die Friedenskraft weltweit verstärken kann
in der Verbundenheit mit allen Menschen
guten Willens

Vor dem Einschlafen finde ich eine Form, die mir hilft, den heutigen Tag besser loslassen zu können. Es kann ein Spaziergang sein, ein bewusstes Dastehen unter dem Sternenhimmel, das Genießen einer Tasse Tee oder eines Glases Wein, das Tagebuchschreiben, das Meditieren im schweigenden Sitzen, das laute Vorlesen eines Meditationstextes.

Wie auch immer: Der Atem wird mich begleiten in diesem
achtsamen Abschluss meines Tages. Er wird mich auch erinnern, dass sogar in meinem Schlaf der Atem mich verbindet mit Schöpfung und Kosmos.

Heute
verweile ich im tiefen Ein- und Ausatmen
am Ende eines reichen Tages
damit ich das Beglückende und Mühsame
des Tages loslassen kann

Heute
achte ich in der Stille der Nacht
vor dem Einschlafen auf meinen Atemfluss
er erinnert mich an den Lebensatem Gottes
in allem
der mir auch im Schlaf Erholung bringen wird

Heute
danke ich durch mein aufmerksames Atmen
dem Leben für seine Fülle
die in meiner Tiefe immer schon auf mich wartet
und mich auch zum Ausruhen bestärkt.

Heilsame Rituale

Anselm Grün

Der Leib hat seine eigene Sprache. Indem ich bestimmte Gebärden mache, drücke ich meine Beziehung zu Gott aus. Und indem ich sie ausdrücke, vertieft sie sich.

Die Gebärde der offenen Hände

Ich halte meine Hände in Form einer Schale vor Gott. In meinen Händen halte ich Gott meine Wahrheit hin, ohne dass ich sie selbst bewerte. Ich überlasse mich in meinen Händen Gott und lege mich vertrauensvoll in seine liebenden Hände.

Ich halte in meiner Hand das Gott hin, was ich in die Hand genommen, was ich geformt und gestaltet, was ich berührt und was ich bewegt habe. Und ich halte hin, was mir aus der Hand geglitten ist. Ich danke Gott für alles, was er mir in die Hand gelegt hat, für die Fähigkeiten, die er mir geschenkt hat, für die Begegnungen, für die Einsichten und für die vielen unerwarteten Geschenke, die er mir in die Hand gegeben hat. Ich halte Gott meine Ohnmacht hin, meine Sehnsucht, meine Leere, meine Bereitschaft, mich ihm hinzugeben.

Beten mit erhobenen Händen

Ich strecke meine Hände nach oben zu einer großen Schale auf. Ich öffne gleichsam den Himmel über mir und über den Menschen. Diese Gebärde macht mich weit. Ich spüre die Weite und Freiheit Gottes. Und ich öffne den Himmel über den Menschen um mich herum. In dieser Gebetshaltung bete ich stellvertretend für all die Menschen, denen jetzt der

Himmel verhangen ist oder die im Kampf mit inneren oder äußeren Mächten stehen. Ich bete stellvertretend für sie und flehe zu Gott, dass er seine schützende Hand über sie hält.

Die Segensgebärde

Eine uralte Gebärde ist die Segensgebärde. Ich erhebe die Hände nach oben und halte meine Handflächen nach vorne. Ich lasse gleichsam den Segen durch meine Handinnenflächen zu den Menschen strömen, an die ich jetzt denke, in die Räume meiner Wohnung, in die Räume, in denen ich arbeite, und zu all den Orten dieser Welt, die voller Dunkelheit und Unfrieden sind, damit Gottes Segen diese Räume verwandle und seine segnende Hand über die Menschen hält. Gottes Segen möge zu den Menschen strömen und sie mit seiner liebenden und heilenden Gegenwart einhüllen.

Beten mit gekreuzten Armen

Am Abend mache ich gerne folgende Gebärde: Ich kreuze die Arme über der Brust. Die beiden Hände berühren die Schultern. Es ist für mich die Gebärde, die nach innen geht. Ich schließe die Tür. Ich schütze den inneren Raum der Stille, zu dem jetzt niemand Zutritt hat, kein Mensch, kein Gedanke, kein Selbstvorwurf, kein Schuldgefühl. Ich schütze diesen inneren Raum, in dem Gott, das Geheimnis in mir wohnt. Es ist zugleich eine Gebärde, in der ich das Gegensätzliche in mir selbst annehme und in der ich vertraue, dass Gottes Liebe alles Gegensätzliche in mir durchdringt. Alles in mir ist angenommen. Alles darf sein …

Ich habe nur einige Gebärden beschrieben. Versuchen Sie die Gebärde zu üben, die Ihnen am besten entspricht. Und nehmen Sie dann diese Gebärde als tägliche Übung. Sie wird Sie verwandeln. Und sie wird alle Bereiche Ihres

Leibes und Ihrer Seele für Gott öffnen, damit Gottes Heil alles in Ihnen durchdringt und heilt. Das Gebet will unsere Wunden heilen, und es will uns auf eine andere Ebene führen, auf die Ebene, in der wir eins sind mit Gott, in der unser Leben eingetaucht ist in das göttliche Leben.

2

Wofür ich dankbar bin

*Mittendrin im Nachthimmel einen Stern
beim Namen nennen.
Mittendrin im Schneegestöber die Zunge
rausstrecken und die kleinen weißen Flocken
darauf zergehen lassen.
Mittendrin im Alltag wissen, dass das Leben
Ewigkeit atmet.
Das Glück ist mittendrin.*

Schwester Gisela Ibele

Offen für das Leben

Margot Käßmann

Ein schöner Tag kann ein Tag sein, der einfach gelebt wurde. Das ist Schönheit im Moment, das Spüren des Lebens, die Wahrnehmung der Natur, ein Lachen, das aus der Tiefe kommt. Ja, und da ist die Schönheit des Menschen: Aber sie zeigt sich nicht in Body-Maß-Index-Einheiten. Ein schöner Mensch – voller fröhlicher Energie. Ein Mensch, der etwas weiß und zeigt vom Leben in aller Tiefe. Schönheit ist die Eigenheit jedes Menschen, geschaffen von Gott. Alle verschieden. Der kleine behinderte Junge und das Model, der rundliche Mann und die alte Dame, die mit der krummen Nase und der mit den breiten Ohren. Ich empfinde ein Mädchen mit Down-Syndrom schön, weil sie etwas spüren lässt von der Liebe zum Leben, vom Glücklichsein. Schön ist auch ein Tag, an dem ich etwas geben konnte, an dem ich für jemanden wichtig war, oder ein Tag, an den ich gern zurückdenke. Schön ist ein Moment der Stille am Meer. Einklang mit der Natur. Harmonie mit einem Menschen. Warum nur müssen wir alles normieren, angleichen, anpassen, gleichmachen, klonen, damit es einem Ideal entspricht, das sich ja doch immer wieder verändert? Schönheit ist Individualität. Schönheit strahlt aus dem Mann, der eine wunderbare Erfahrung gemacht hat. Schönheit leuchtet aus der Frau, die Liebe gespürt hat und Liebe geben konnte. In der Bibel sehe ich solche Schönheit, wenn Menschen angesehen werden durch Jesus, mit den Augen der Liebe, und so „angesehene Menschen" werden. Schönheit ist wunderschön! Ich wünschte, wir hätten die Freiheit, sie im Alltag zu entdecken. Dann wären wir wohl auch wieder offen für das Wunder des Lebens, das jeden Tag neu geschenkt wird.

Mein Leben ist ein Geschenk

Notker Wolf

Wer sich der Freude öffnet, wer sie sich gönnt, ihr Raum und Zeit in seinem Leben einräumt, dessen Herz wird weit. *Benedikt* spricht in seiner Regel sehr kritisch über den Müßiggang. Aber die Lebensfreude spielt in der Regel eine wichtige Rolle. Am Ende des Vorworts zu dieser Regel schreibt er: Der Mönch solle sich nicht entmutigen lassen, der Anfang mag schwer sein und der Weg eng, aber wer auf dem Pfad der Tugend weitergelaufen ist, dem weitet sich die Seele und er geht den Weg nicht mehr, weil er muss, sondern in der Freude des Herzens. Wenn Benedikt den Mönch auf den Pfad der Tugend schickt, sagt er nicht, er solle perfekt werden. Das ist ein großer Unterschied. Wer sich unter Vollkommenheitsdruck stellt, wird nie zufrieden sein. Perfektionsdruck ist der Feind jeder Freude. Leute, die unter Perfektionsdruck stehen, sind tragische Figuren. Sie werden nie zufrieden sein, sie jagen immer hinter etwas her, das sie nicht erreichen können. Sie kommen ewig zu kurz …

Freude aus der Weite des Herzens strahlt aus auch auf andere. Wahre Lebensfreude ist nicht erst am Ende des Weges oder des Lebens möglich. Es gibt Menschen, die schon sehr früh so weit sind und andere, die sich diese Haltung im Lauf eines Lebens erwerben. Wir dürfen uns selber gut sein und sollen es auch anderen gegenüber sein. Wenn ich glaube, angenommen und geliebt zu sein, ganz so wie ich bin, brauche ich nicht krampfhaft nach Selbstfindung suchen, um mich selber annehmen zu können …

Lebensfreude besteht darin, das Leben so zu nehmen, wie es ist. Das Leben ist nun einmal begrenzt. Der Mensch ist nun einmal unvollkommen. Humor ist die angemessene Haltung. Ich akzeptiere, dass die Welt endlich und begrenzt ist. Eine Konsequenz aus dieser Einsicht: sich bewusst Zeit nehmen für etwas, das Freude macht – das kann sich jeder vornehmen.

Mit der Zeit, im Laufe der Jahre, erfahre ich es immer mehr: Mein Leben ist ein Geschenk. Es ist als Ganzes nicht in meiner Hand. Ich freue mich über jeden Tag. Ich freue mich über jedes Jahr. Über alles, was ich tun kann. Ich kann mich auch über ganz einfache Dinge freuen. Etwa, dass ich Zeit oder Möglichkeit habe zu Gesprächen.

Gerade, weil die Zeit endlich ist, ist sie so kostbar.

Ich habe kein Problem zu sterben, überhaupt nicht. Aber es ist einfach noch so schön.

Eine kleine Liste

Petra Altmann

> *Übersieh neben dem Dunklen,*
> *das es in deinem Leben gibt,*
> *nicht das Lichtvolle und deine guten Werke.*
> *Danke dem Herrn für alles,*
> *aber rühme dich nicht deines Gut-Seins.*
> Nach Aurelius Augustinus

Dankbar zu sein, dafür gibt es täglich Anlässe. Allzu oft verspüren wir nur bei großen, außergewöhnlichen Ereignissen in unserem Leben tiefe, lang anhaltende Dankbarkeit. Dabei übersieht unser Blick manchmal Dinge, die wir als Selbstverständlichkeiten verstehen, ohne die unser Leben aber viel ärmer und beschwerlicher wäre.

Dankbarkeit für die Gesundheit, dafür, dass wir ohne Beschwerden und Behinderungen, ohne Einschränkungen und Beeinträchtigungen leben dürfen.

Dankbarkeit für unseren Partner, der uns Liebe und Geborgenheit schenkt, uns beschützt und unterstützt – auch und gerade in schwierigen Zeiten.

Dankbarkeit für die Familie, für Eltern und Geschwister, die dieselben Wurzeln haben und mit uns wachsen, für die Kinder, die unser Leben bereichern und unsere Gemeinsamkeiten weitertragen.

Dankbarkeit für Freunde, die für uns da sind, die Zeit mit uns teilen, uns inspirieren und unterstützen, mit uns lachen und weinen.

Dankbarkeit für ein Leben in sozialer Sicherheit, mit einem Zuhause, das wir nach unseren Vorstellungen gestaltet haben, einer Tätigkeit, die uns erfüllt und für die Gesellschaft sinnvoll ist, ohne Sorgen um das tägliche Überleben.

Dankbarkeit für die Bildungsmöglichkeiten, die uns offenstehen und unsere Chancen im Leben bestimmen. Für die Angebote, in allen Etappen unserer Entwicklung Neues zu lernen und unser Wissen zu verbessern.

Dankbarkeit für ein Leben in Frieden, ohne Konflikte und kriegerische Auseinandersetzungen, ohne Angst vor sinnloser Zerstörung und Tod.

Dankbarkeit für unser Leben in Freiheit, in dem wir die wesentlichen Entscheidungen für unser Leben selbst treffen, uns frei bewegen können und in einem Staat leben, der uns Menschenrechte und Meinungsfreiheit garantiert.

Dankbarkeit für den Reichtum der Natur, die Früchte, die wir ernten können, die Landschaften, die wir durchwandern, die Gewässer, die uns erfrischen, die Luft, die wir atmen.

Dankbarkeit für so viele Dinge im Leben, die jedem Menschen jeden Tag geschenkt werden.

Dankbarkeit üben

David Steindl-Rast

Dankbarkeit ist still und einfallsreich; sie macht etwas aus jeder Gegebenheit. Meistens ist uns Gelegenheit gegeben, uns an etwas zu freuen. Leider sind wir oft nicht wach genug, das wahrzunehmen. Aber in jeder gegebenen Lage, sei sie noch so schwierig, wird uns Gelegenheit geschenkt, uns schöpferisch – und dadurch dankbar – zu erweisen. Wir müssen uns nur etwas einfallen lassen. Und jeder Einfall ist selber wieder Geschenk. Indem wir so, Schritt für Schritt, aus unserem Leben etwas machen, steigt es zum Ursprung als Dank zurück … Tag und Nacht wird uns mit jedem Augenblick Unzähliges geschenkt. Wir brauchen nur darauf zu achten, und Dankbarkeit wird uns überwältigen. Aber achten wir darauf? Das ist die Frage … Seit Jahren schreibe ich zum Beispiel täglich in meinen Taschenkalender zumindest eine Sache, für die dankbar zu sein mir vorher noch nie in den Sinn kam. Meint vielleicht jemand, es sei schwer, jeden Tag einen neuen Grund zur Dankbarkeit zu finden? Es ist nicht schwer. Oft kommen mir vier oder fünf Gründe in den Sinn. Ich kann mir gar nicht vorstellen, wie alt ich werden müsste, um den Vorrat merklich zu vermindern … Dankbare Aufmerksamkeit lässt sich üben und erlernen. Wir können am Abend auf den vergangenen Tag zurückschauen und für etwas noch nie vorher Beachtetes zum ersten Mal dankbar sein. Wir können aber auch vorausplanen. Heute wird, sagen wir, dankbar auf Gerüche geachtet; morgen auf Farben und Formen; übermorgen auf Geräusche. In einem „Kurs", der jeden sechsten Tag wieder von vorne beginnt, können wir so durch dankbare Sinnlichkeit unsere freudige Lebendigkeit planmäßig fördern. Alles hängt davon ab, dass wir uns immer wieder erinnern.

Setz dich ins Gras und öffne die Augen

Anselm Grün

„Wenn wir uns nicht glücklich fühlen, so liegt das daran, dass wir vergessen, dass bereits gesunde Augen ein Grund zum Glücklichsein sind. Wir brauchen uns nur ins Gras zu setzen, unsere Augen zu öffnen und mit Achtsamkeit zu schauen. Dann erkennen wir das Paradies der Formen und Farben." *Thich Nhat Hanh,* der buddhistische Mönchspoet aus Vietnam, lehrt seine Schüler und Schülerinnen den Weg der Achtsamkeit. Achtsam im Augenblick zu sein, das ist für ihn mehr als nur eine Übung der Konzentration, es ist der Weg zum Glück. Dass sich viele Menschen nicht glücklich fühlen, liegt für ihn in der mangelnden Achtsamkeit begründet. Es braucht nicht viel zum Glück. Es braucht nur die Achtsamkeit.

Wenn wir dankbar sind für das, was wir wahrnehmen, dann sind allein die gesunden Augen schon eine Quelle des Glücks. Täglich dürfen unsere Augen wunderbare Dinge sehen. Aber es braucht die Übung der Achtsamkeit, damit wir die Wunder auch bewusst wahrnehmen, die sich unserem Auge täglich darstellen: das Wunder einer Rose, das Wunder eines Berges, das Wunder eines Käfers, der unsern Weg kreuzt, das Wunder eines menschlichen Antlitzes.

Im Steigerwald besitzt unsere Abtei einen kleinen Hof, den Winkelhof, zu dem wir Mönche uns zurückziehen können. Er liegt mitten in wunderbaren Wäldern. Wenn ich im Herbst auf die bunten Wälder schaue, wie sie im Sonnenlicht erstrahlen, dann habe ich den Eindruck, dass Gott ein wunderbarer Maler ist. Er hat über die Bäume Farben ausgestreut, wie es kein Künstler besser könnte … Wenn ich ganz im Schauen aufgehe, dann erlebe ich eine tiefe innere Freude.

Die Farben des Lebens

Otto Betz

Stellen wir uns einmal vor, die Welt hätte keine Farben. Der ganze Wirbel der verschiedenen Farbtöne würde uns fehlen, die herrlichen Nuancen, die Kontraste heller und dunkler Töne, all das gäbe es nicht. Wie arm käme uns plötzlich die Welt vor, nur noch ein verwaschenes Grau würde alles beherrschen, eine verschwommene Mischung, die man gar nicht richtig benennen könnte. – Umso mehr freuen wir uns, dass es die ganze Palette der Farben gibt: Die Welt steht uns in ihrer ganzen bunten Pracht gegenüber. Wir freuen uns über das frische Grün des Frühlings, lieben die starken sommerlichen Farben, und wir lassen uns von den feurigen Rot- und Gelbtönen des Herbstes trösten. Und in den Wintermonaten, wenn die Natur nicht viel mehr zu bieten hat als die Schwarz-Weiß-Kontraste, ziehen wir uns selbst farbige Kleider an, um so in unsere Umwelt ein paar farbige Tupfer zu setzen.

Farben gehören zu unserem Leben, sie wecken Gefühle, ermuntern uns, stimulieren unsere Lebensgeister, manchmal erschrecken sie uns auch; es gibt sogar traurige Farben, die uns das Gemüt beschweren können, man denke nur an das bräunliche Vergilben mancher Herbstblumen.

Farben haben ihre eigene Sprache; wenn wir auf sie achten, können wir beobachten, dass sie etwas ausdrücken, was nur schwer ins Wort gebracht werden kann: Freude, Jubel, Seligkeit, aber auch Stille, Gelassenheit und Klarheit, Lebenskraft ebenso wie Hoheit und Einsamkeit. – Hat nicht jeder von uns seine Lieblingsfarben? Es mag auch Farbtöne geben, gegen die wir allergisch werden und die wir abzuwehren geneigt sind. Farben beeinflussen unser Befinden, sie steigern oder vermindern unser Gefühlsleben, manche machen uns freudig und erwartungsvoll, andere traurig oder gar mutlos … Einer liebt die dezenten und matten Farben, der andere liebt gerade die grellen und deftigen Töne.

Farben gibt es nur da, wo das Licht herrscht. In der stockdunklen Nacht sind nicht nur alle Katzen grau, sondern auch sonst alles, was kreucht und fleucht. Wenn aber auch nur ein Fünkchen Licht ins Dunkel fällt, erwachen auch schon gleich die Farben. Unvergesslich ist mir in Erinnerung geblieben, wie ich auf einem Berg in Kreta den Sonnenaufgang erwartete: Mit dem ersten Morgenschimmer erwachte das ganze Spektrum der Farben, die Welt wurde ins herrlich-farbige Leben gerufen. Wie habe ich damals die „farbenschaffende" Kraft der Sonne bewundert!

Eine uralte Tradition bringt unsere Farbenerfahrung mit dem Schaffen Gottes in Verbindung. Das Licht als solches ist für uns ja nicht sichtbar, es macht aber alle Dinge ansichtig, indem es sie beleuchtet. So ist auch Gott für uns nicht greifbar und unseren Sinnen entzogen, aber er hat alles ins Dasein gerufen und hält die Schöpfung im Dasein. Und wie das Licht durch die Brechung im Prisma in die Farben des Spektrums gleichsam „zerlegt" wird, aufgespalten, so dass wir es nun tatsächlich wahrnehmen können, so gibt sich auch Gott in die „Brechung", er verkleinert sich aus Gnade, damit wir ihn ertragen können. Der sich in die Minderung gebende Gott gibt sich in seiner Schöpfung zu erkennen, wie das verminderte und aufgespaltene Licht sich in der Farbigkeit anschauen lässt. In einem Gedicht hat *Hermann Hesse* diesen Gedanken aufgegriffen: „Licht singt tausendfache Lieder, Gott wird Welt im farbig Bunten."

Eine wunderbare Gabe

Phil Bosmans

Dein Leib ist eine wunderbare Gabe. Mit deinem Leib bist du gegenwärtig: sichtbar, greifbar. Mit deinen Augen kannst du lachen und weinen. Mit deinem Kopf kannst du denken, träumen, dich erinnern. Mit deinem Mund kannst du essen, sprechen und singen. Mit deinen Händen kannst du streicheln und arbeiten. Mit deinem Herzen kannst du zärtlich sein, trösten.

Dein Leib ist dein Haus auf Erden. Deine Augen sind deine Fenster zur Welt. Du bist mehr als dein Leib, aber du kannst ihn nicht entbehren. Du musst gut für ihn sorgen und ihn nicht verwöhnen. Lass dir keine sinnlose Bequemlichkeit aufdrängen, bis du am Ende Füße nur noch für das Gaspedal hast und Hände nur noch für elektronische Tasten und Knöpfe.

Dein Leib braucht Wärme. Liegt er zu lange im Eisschrank, dann wird er starr und kalt. Dann wird er eine Ess- und Arbeits- und Schlafmaschine. Die Verbindungen zu anderen hören auf, und der Mensch fällt tot auf sein eigenes Ich zurück. Der Leib ist ein Wagen der Liebe. Ein gutes Wort ist möglich, weil du einen Mund hast. Eine sanfte Gebärde, weil du Hände hast. Ein liebevoller Blick, weil du Augen hast. Dein Leib ist Träger der Zärtlichkeit.

Hände können so viel!

Hände sind wunderbar. Kein Apparat der Welt ist so perfekt. Sie lassen sich unvorstellbar vielseitig bewegen, von innen her, ohne Einwirkung von außen. Hände können sprechen und sagen manchmal mehr als Worte. Hände können schreiben, was man denkt. Hände können zeigen, was man

Wofür ich dankbar bin

fühlt. Hände können Bilder malen, Träume modellieren, Musik machen. Hände können Wunder vollbringen. In den Händen liegt heilende Kraft. Hände können ein Herz von Sorgen heilen, einen trüben Geist erhellen und aufheitern. Hände sind uns gegeben, um Fühlung zu bekommen mit Mutter Erde, mit der ganzen Natur und mit den Menschen um uns. Hände lenken den Geist nach außen hin; so kommt er zur Ruhe, wird erfrischt und erneuert.

Ich möchte danken

Meine Augen sind da für das Licht, für das Grün des Frühlings, für das Weiß des Schnees, für das Grau der Wolken und das Blau des Himmels, für die Sterne in der Nacht und für das unglaubliche Wunder, dass es so viel wunderbare Menschen um mich gibt. Mein Mund ist da für ein liebes Wort, auf das ein anderer wartet. Meine Lippen sind da für einen Kuss und meine Hände, um zärtlich und sanft zu sein, um Leidenden zu helfen. Meine Füße sind da, um zum Nächsten zu gehen. Und mein Herz ist da, um Menschen, die in Einsamkeit und Kälte leben, Nähe, Wärme und Liebe zu schenken.

Ohne Leib bin ich nirgends.
Ohne Sinn ist nichts.
Alles hat seine tiefe Bedeutung.

Das Klopfen meines Herzens, hunderttausendmal am Tag, gratis. Unglaublich. Ich atme jeden Tag zwanzigtausendmal, und für die hundertvierzig Kubikmeter Luft, die ich dazu brauche, wird mir keine Rechnung ausgestellt.

In die Natur ist ein Geheimnis der Liebe eingebaut,
einer fantastischen Liebe.
Ich fühle mich geliebt bis in meine Zehenspitzen.
Ich möchte danken.

Unser tägliches Brot

Christa Spilling-Nöker

„Wer nicht genießt, wird ungenießbar" lautet eine Redensart. Drehen wir sie doch einfach um: Wer genießen kann, der ist gut gelaunt, der hat Freude am Leben. Und zu genießen gibt es viel. Essen und Trinken stehen dabei ganz vorn, denn wen könnte zum Beispiel ein Theaterbesuch mit knurrendem Magen beglücken?

Essen und Trinken dient ja nicht nur der Sättigung des Leibes, sondern hat zugleich mit Sinnenlust und Lebensfreude zu tun. Das, was unserem Geschmackssinn gut tut, was uns gleichsam auf der Zunge zergeht, beschenkt uns mit einem tiefen Gefühl von Glück, von erfülltem Sein und von Dankbarkeit – und lässt uns so das Herz aufgehen, um den Glanz des Lebens auch in tieferen Dimensionen wahrzunehmen. Dass so manches Lebensmittel im Laufe der Jahrhunderte symbolische Bedeutung gewonnen oder zu umfangreicher Legendenbildung geführt hat, macht die Sache nur noch spannender.

Brot ist ein Grundnahrungsmittel, das jeden Tag auf unserem Tisch steht. Wir beginnen den Tag beim Frühstück mit frischen Brötchen und decken abends den Tisch zum „Abendbrot". In vornehmen Restaurants wird vor dem Servieren der bestellten Speisen ein Körbchen mit Brot auf den Tisch gestellt, dazu etwas Butter oder eine appetitanregende Kräutercreme.

Früher wurde das Brot in den bäuerlichen Familien im eigenen Herd gebacken. Dadurch, dass das Getreide selbst geerntet, gedroschen und gemahlen wurde, hatten alle auf dem Hof einen direkten Bezug zum Brot, der mit Achtung und Dankbarkeit verbunden war. Nichts davon durfte umkommen. Trocken gewordenen Stücke wurden zu einer

Wofür ich dankbar bin

Brotsuppe verarbeitet. Heute kaufen die meisten von uns Brot in einer Bäckerei oder im Supermarkt. Wir machen uns selten Gedanken darüber, wer alles daran beteiligt war, bis es auf unserem Tisch landet: die Bauern, die Lkw-Fahrer, die Bäcker, das Verkaufspersonal und viele mehr. Der Erwerb von Brot ist uns selbstverständlich geworden, wir brauchen nur unter zahlreichen Sorten zu wählen. Damit geht für manch einen zugleich die Ehrfurcht vor dem Brot verloren. Schnell werden ein trocken gewordener Kanten oder eine Scheibe Schulbrot in den Mülleimer geworfen.

Das sehnsüchtige Verlangen nach Brot in den Hungerjahren der Kriegs- und Nachkriegszeit beschreibt *Heinrich Böll* in seiner Erzählung „Das Brot der frühen Jahre" mit folgenden Worten: „Der Hunger lehrte mich die Preise; der Gedanke an frisch gebackenes Brot machte mich ganz dumm im Kopf, und ich streifte oft abends stundenlang durch die Stadt und dachte an nichts anderes: Brot."

Brot ist im Christentum mehr als nur ein Sättigungsmittel. Es symbolisiert den Leib Christi, so wie es im Abendmahlsritus heißt: „Nehmt hin und esst, dies ist mein Leib, der für euch gegeben wird zu meinem Gedächtnis." Die Teilhabe am Sakrament des Brotes schafft eine tiefe Verbindung der Gläubigen untereinander. Sie werden mit der Hoffnung genährt, dass sie im Glauben an Gott zu sich selbst und den eigenen schöpferischen Kräften in eine neue Beziehung treten und dadurch auf tiefgreifende Weise gesättigt werden.

Danke für das tägliche Brot

Danke
für das Samenkorn
im Acker,
für die Ähren
auf dem Felde
für das Brot
auf dem Tisch.

Danke
für die Menschen,
die daran
beteiligt sind,
dass ich
jeden Tag
satt werden darf.

Christa Spilling-Nöker

Dankbar

In den Nächten deine Treue,
am Morgen deine Huld
Psalm 92

am neuen Morgen

ziehenden Wolken nachschauen
und dem Flug der Stare
die Kirchturmuhr schlagen hören
und Türeklappern im Haus
den Hagebuttenzweig
zart berühren
und dem wilden Wein
Guten Morgen sagen
die Wärme des Holzes spüren
und die Sanftheit des Wassers

und ich spüre
staune
bin

und
traue deiner Treue
wenn mich
Dunkelheit umfängt

Andrea Schwarz

Das Fahrrad

Odilo Lechner

Als ich 1949 das Abitur am Benediktinergymnasium in Metten gemacht hatte, bekam ich von den Eltern ein Fahrrad geschenkt. Mit 18 den Führerschein zu machen, war damals keineswegs üblich. Und das Fahrrad ist bis heute das Fortbewegungsmittel geblieben, das ich selber steuern kann. In München ist es das schnellste und einfachste Fahrzeug, das auch keine komplizierte Parkplatzsuche erfordert.

Es hat mir manch schöne Stunden bereitet, etwa beim Fahren durch den Englischen Garten. Es war auch ein Helfer in der Not. So merkte ich, als ich den Bayerischen Verdienstorden erhalten sollte, dass ich zu Hause getrödelt hatte und zu Fuß zum Festakt in der Residenz zu spät kommen würde. So schwang ich mich rasch aufs Fahrrad, stellt es an einer Ecke ab und fuhr dann nach der Verleihung etwas verstohlen mit dieser schönen Auszeichnung wieder nach Hause. Auch manche Begegnung ist mir durch das Radfahren zugefallen. So fuhr ich einmal durchs Lehel, als ein Auto langsam neben mir herfuhr und anscheinend etwas von mir wollte. Ich blieb stehen, und der Fahrer ließ die Fensterscheibe herunter. Ich fürchtete schon, ich hätte mich vielleicht verkehrswidrig verhalten, aber der Mann im Handwerkeranzug fragte mich zu meinem Erstaunen: „Herr Pfarrer, sind Sie Raucher?" Überrascht antwortete ich wahrheitsgemäß: „Nein." Da sagte er: „Ach, schade, ich bin nämlich auch Nichtraucher und habe eben von einem Kunden eine wunderbare Zigarre geschenkt gekriegt." Anscheinend dachte er, die würde einem armen Pfarrer, der mit dem Fahrrad fährt, guttun. Und das ist immer wieder eine ungemein tröstliche Erfahrung: Es gibt so viele Menschen in unserer Welt, die anderen Gutes tun und mit Wohlwollen begegnen.

Das Fahrrad ist mir ein lieber Begleiter geworden, gerade jetzt im Alter, wenn das Gehen schwerer fällt. Es ist ein Werkzeug der Fortbewegung und damit auch ein Zeichen für alles menschliche und klösterliche Bemühen. Uns sind Hilfsmittel an die Hand gegeben, durch die wir schneller vorankommen. Das Fahrrad enthebt mich nicht der eigenen Bemühungen und Anstrengungen: ich muss aufsteigen, muss in die Pedale treten, ich spüre die Unebenheiten des Bodens, die Mühsal, wenn es aufwärts geht. Ich genieße, wenn ich abwärts gleite, und versichere mich zugleich, dass die Bremsen funktionieren, damit es nicht zu schnell wird. So gibt es auch auf dem Weg der Menschen zueinander Hilfsmittel, wie das Grüßen und Zulächeln, wie Gesprächsrunden und gemeinsame Unternehmungen, die die Gemeinschaft stärken. So gibt es auf dem Weg zu Gott die Übungen der Aufmerksamkeit, die Zeiten des Betens und Lesens. Sie erleichtern mir das eigene Bemühen, das unverzichtbar bleibt und das sich, wie *Benedikt* in seinem Kapitel über die Stufen der Demut schreibt, von dem unvermeidlich härteren und strengeren Anfang zur Leichtigkeit des Gewohnten, zur Freude am Guten, zur Liebe wandelt.

Ein noch sprechenderes Zeichen ist für mich die Erinnerung an ein kleines Segelboot der Jugendzeit. Bei absoluter Windstille musste ich zum Ruder greifen. Aber wenn der Wind aufkam, musste ich nur das Segel richtig halten und das Steuer nicht aus der Hand lassen. Der Wind half zum schnelleren und leichteren Vorankommen. So darf ich vertrauen, dass der Wind des Heiligen Geistes mich treibt und vorankommen lässt, wenn ich nur vertrauensvoll auf ihn eingehe.

Danke für mein Chaos

Andrea Schwarz

Chaos und Ordnung folgen aufeinander. Eine Ordnung wird durch das Chaos abgelöst, auf das Chaos folgt eine neue Ordnung. Und dieser Wechsel hat bereits schon wieder seine eigene Ordnung. Eine alte Ordnung muss vergehen, sei es durch eine langsame und allmähliche Entwicklung von innen heraus, sei es durch ein Ereignis von außen. Gewohnheiten, Denkmuster, Verhaltensweisen, „Normalitäten" werden plötzlich aufgeweicht, weggenommen, passen und stimmen nicht mehr – und Neues ist grad noch nicht in Sicht. Es sind Zeiten, in denen die Ordnung abwesend ist, Zeiten, die einen verunsichern, durcheinanderbringen können – aber es sind auch Zeiten, in denen Neues wachsen und entstehen kann. Mitten im Chaos entsteht eine neue Ordnung. Und eine Ordnung vergeht und macht dem Chaos Raum. Jedes Chaos ist der Übergang von einer Ordnung zu einer anderen – und keine Ordnung ist so stabil, als dass sie nicht ins Chaos geraten könnte.

Mitten im Chaos kann etwas ganz Neues heranwachsen, das muss nicht besser, aber auch nicht schlechter sein als das Vorhergehende – es ist etwas Neues. Und damit vielleicht stimmiger für die neue Lebenssituation, kreativer, frischer, unverbrauchter. Manchmal kann das Chaos der entscheidende Hinweis dafür sein, dass etwas Neues in meinem Leben angesagt ist – und davor muss ich eigentlich nicht unbedingt erschrecken, sondern könnte es eigentlich auch begrüßen. Ich geb gerne zu, das Neue und Andere ist nicht unbedingt immer leicht – aber ich find's auch spannend. Und wenn ich auf mein Leben zurückschaue, dann bin ich in diesen Stunden, wo es scheinbar überhaupt nicht mehr weiterging, ganz schön gewachsen, auch, wenn ich manchmal nicht wusste, wohin … Aus dem Chaos wird das Neue geboren, mitten im Chaos ist die Lebendigkeit, „die Mitte der Nacht ist der Anfang des neuen Tages".

Das Helle und das Dunkle, Licht und Schatten, Tag und Nacht bedingen einander, ja brauchen sich, um das jeweils Eigene zu sein. Der Frühling wird erst durch Sommer, Herbst und Winter zum Frühling. Es braucht das Durchleben der Wochen und Monate, in denen ich vom morgendlichen Autoscheiben-Freikratzen geweckt werde und weiß, ich muss zehn Minuten früher die Wohnung verlassen. Es braucht die kurzen Tage, an denen ich durch Arbeitszeiten bestimmt morgens im Dunkel weggehe, abends im Dunkel heimkomme. Es braucht die eiskalten Hände und den eingefrorenen Wasserhahn und die Sehnsucht nach lauen Sommernächten, um den Frühling wirklich begrüßen und willkommen heißen zu können.

Wenn ich andauernd nur kämpfe – um Beziehungen, um Verstandenwerden, um Geliebtwerden, aber nichts und niemandem Zeit lasse, um zu wachsen, dann kann Leben nicht gelingen, haben Saatkörner keine Zeit, zu keimen und aufzugehen. Mein Tun bedarf auch des Ruhenlassens, ich darf mich zur Ruhe legen – und kann und darf den anderen die Zeit geben, die sie für sich, ihr Wachsen, ihren Prozess brauchen.

Andererseits: Nur freundlich an der Seite stehen und darauf warten, dass sich irgendwas tut – das geht auch nicht. Der Boden will umgegraben, der Same ausgesucht und sorgfältig behandelt sein … es braucht meinen Teil. Wenn ich den aber getan habe, dann kann ich unbesorgt „in Ruhe lassen": mich und die anderen. Und ich muss es sogar, will ich das Zarte, Aufkeimende nicht beim Wachsen stören.

3

Das Gedächtnis des Herzens

Überall stecken Wunder.
In allen Dingen ist mehr, als man sieht,
eine Erinnerung an das Paradies.

Schwester Gisela Ibele

Das Gedächtnis des Herzens

Phil Bosmans

Menschen waren gut zu mir. Sie sorgten für mich, als ich klein war. Sie begleiteten mich, als ich größer wurde. Sie machten mir Mut, als es mir schlecht ging. Sie waren froh, weil ich froh war. Mein Herz vergisst das nicht.

Es gibt ein Gedächtnis, das hängt mit dem Kopf zusammen. Der eine behält leichter, der andere vergisst schneller. Und es gibt ein Gedächtnis, das hat viel tiefere Wurzeln. Die Wurzeln dieses Gedächtnisses sitzen im Herzen. Das Gedächtnis des Herzens heißt Dankbarkeit

Danken heißt erkennen, was dir alles Gutes getan wird. Hast du dir selbst das Augenlicht gegeben? Hast du dir selbst die Finger an die Hand getan? Irgendwie ist da ein Geheimnis der Liebe eingebaut. Irgendwo hat dich jemand unglaublich gern.

ABC der Dankbarkeit

Petra Altmann

Es gibt Ereignisse, die krempeln ein ganzes Leben um. Eine überstandene Krankheit, die Begegnung mit einem besonderen Menschen, eine überwundene Krisensituation beispielsweise. Es sind Begebenheiten dieser Art, für die wir tiefe und nachhaltige Dankbarkeit empfinden und die unsere Lebenseinstellung grundlegend ändern können. Solche Erlebnisse prägen uns und halten uns vor Augen, dass viele Dinge, die wir als Selbstverständlichkeiten wahrnehmen, es eben nicht sind. Aber es muss nicht unbedingt immer das spektakuläre Ereignis sein, das den Blick aufs Leben verändert. Manchmal sind es die erst einmal unbemerkten, aber stetigen Winke, die das Leben einem gibt. Manchmal sind es Zufälle, die bewirken, dass man die Sicht auf Dinge ändert. An jedem Tag gibt es mindestens ein Ereignis, einen Moment, für den man dankbar sein darf. Keine großen Vorgänge, sondern kleine Augenblicke. Ein netter Anruf beispielsweise, ein Lächeln im Vorbeigehen, eine abgeschlossene Arbeit, die ersten Sonnenstrahlen im Frühling und vieles andere mehr. Jeder, der am Abend seinen Tag Revue passieren lässt, wird Augenblicke finden, die ihn dankbar stimmen. Und zwar täglich. Man muss sie sich nur bewusst machen. Dankbarkeit ist ein großer Begriff. Wie ein Puzzle setzt er sich zusammen aus vielen einzelnen Teilen, die sich zu einem Ganzen fügen – wenn man weiß, wie man sie zusammensetzen kann.

„D" steht zum Beispiel für *Demut:* den Mut zu besitzen, sich auch einmal zurückzunehmen. Den Mut, sich als Teil eines Ganzen zu betrachten und nicht als herausragende Person, die immer im Mittelpunkt stehen muss. Den Mut, auch die Leistungen anderer vorbehaltlos anzuerkennen.

„A" kann beispielsweise stehen für *Akzeptanz.* Jeder Mensch braucht das Gefühl, anerkannt zu werden. Wenn ich von den anderen akzeptiert werde, dann heißt dies, dass ich so angenommen werde, wie ich bin. Mit all meinen Vorzügen, aber auch mit meinen menschlichen Schwächen. Aber so wie ich braucht auch jeder andere Mensch die Bestätigung, akzeptiert zu sein. Auch wenn er andersartig ist, aus einem anderen Kulturkreis stammt oder eine andere Sprache spricht. Gegenseitige Anerkennung ist die Basis gesellschaftlichen Zusammenlebens.

„N" könnte zum Beispiel *Nachhaltigkeit* bedeuten. Wir müssen dankbar sein für die Ressourcen, die uns zur Verfügung stehen und uns von unseren Eltern übergeben wurden. Dieses Erbe gilt es in Ehren zu halten und sich verpflichtet zu fühlen, den nächsten Generationen keine verbrannte Erde zu hinterlassen.

„K" könnten wir zum Beispiel mit dem Begriff *Kultur* verbinden. Wir leben in einem kulturellen Umfeld, in dem uns viele Dinge selbstverständlich vorkommen. Der Zugang zu Bildung, die Beschäftigung mit der Literatur, der Einfluss der Bildenden Kunst, die innere Berührung durch die Musik, die Vermittlung eines Wissens, das sich über Jahrtausende entwickelt hat, sind besondere Güter. Das Lebensumfeld, in dem wir aufwachsen und leben, in einer lebenswürdigen Architektur und einer Sozialgesellschaft, bieten uns Bedingungen, für die wir dankbar sein sollten, auch wenn wir natürlich immer an der Verbesserung der Lebensumstände arbeiten sollten.

„B" könnte ein Symbol für *Bereitschaft* sein. Bereit zu sein, wenn mich andere brauchen. Bereitschaft zu zeigen, wenn Hilfe vonnöten ist. Bereit zu sein, dem anderen etwas abzugeben, zu teilen und zu unterstützen, wo immer dies angebracht ist. Wenn ich Bereitschaft zeige, auf andere zuzugehen, werden auch andere um mich besorgt sein.

„A": Das zweite „A" der Dankbarkeit könnte stehen für *Aufmunterung*. Es gibt Tage, an denen wir einfach nicht so gut drauf sind. Ein kleines Wort der Aufmunterung verbessert die Laune schlagartig. Es gibt Situationen, in denen wir des Trosts bedürfen. Da ist es ganz wichtig, dass uns jemand zur Seite steht und uns Mut zuspricht. Wir dürfen dankbar sein für diesen Zuspruch.

„R" könnte *Rücksicht* bedeuten. Nicht immer den Blick stur nach vorne zu richten, sondern auch einmal nach rechts oder links oder sogar nach hinten zu schauen, um zu sehen, ob wir jemandem den Weg freigeben sollten. Es geht nicht darum, sich mit Ellbogen einen Platz in der ersten Reihe zu sichern, sondern im Miteinander Chancengleichheit zu üben.

„K": ein weiteres „K" kann stehen für *Kraft*. Wir dürfen dankbar sein, dass wir Kraft haben, die Hürden des Lebens zu meistern und so manches Missgeschick zu überstehen. Wir dürfen uns glücklich schätzen für den Mut, den wir brauchen, um immer wieder neue Dinge anzugehen, und die Kraft, wieder aufzustehen, wenn wir ins Stolpern geraten sind.

„E" lässt uns denken an die *Ernte*. Wir ernten das, was wir säen. Deshalb müssen wir das Saatgut sehr bewusst auswählen und sorgsam damit umgehen. Wir leben von dem, was wir gesät und zum Wachsen gebracht haben. Die Ernte ist unsere Lebensgrundlage. Eine erfolgreiche Ernte bringt Gutes für Körper, Geist und Seele.

„I" könnte *Impuls* meinen. Wir brauchen immer wieder neue Impulse, damit unser Leben nicht eintönig wird. Wir brauchen Impulse, um die Richtung wechseln zu können und nicht in eine Sackgasse zu geraten. Impulse bringen uns zum Einhalten, zum Nachdenken, sie fördern unsere Entwicklung. Menschen, die uns Impulse vermitteln, dürfen wir dankbar sein.

„T": Der finale Buchstabe der Dankbarkeit könnte für *Treue* stehen. Sich selbst und anderen treu zu bleiben, ist ein Lebensmotto. Wenn ich mir selbst treu bin, bin ich authentisch. Damit bin ich auch berechenbar, denn ich vertrete nicht heute jene und morgen eine andere Meinung. Treue bedeutet auch Beständigkeit, denn ich fühle mich meinem Handeln und meinen Mitmenschen gegenüber verpflichtet. Treue heißt außerdem, all jene obengenannten Werte, die man mit dem Begriff „Dankbarkeit" verbinden kann, im Alltag zu leben.

Wenn wir erfüllt sind von diesen Elementen der Dankbarkeit, können wir uns wirklich glücklich schätzen.

Dankbarkeit und Freude

Anselm Grün

Dankbare Menschen sind angenehme Menschen. Mit ihnen ist man gerne zusammen. Bei undankbaren Menschen hat man den Eindruck: Man kann ihnen nichts recht machen. Mit nichts kann man ihnen eine Freude bereiten. Sie haben sich so mit ihrer Unzufriedenheit und Undankbarkeit arrangiert, dass da kein Lichtstrahl von Freude oder Dankbarkeit eindringen kann. Sie schneiden sich damit aber selbst vom Leben ab. Wenn Menschen das Gefühl haben, dem andern nie etwas recht zu machen, nie ein Wort des Dankes aus ihm herauszulocken, dann wenden sie sich langsam ab. Und der Undankbare bekommt immer mehr Gründe, undankbar zu sein. Er jammert dann vor sich her, dass keiner ihn beachtet.

Dankbarkeit verbindet, Undankbarkeit isoliert. Es ist unsere Entscheidung, welchen Weg wir gehen wollen, den Weg der Undankbarkeit und des Missmutes oder aber den Weg der Dankbarkeit und Freude.

Dankbarkeit ist eine Tugend, eine Haltung, Freude ist eine Emotion. Und dennoch gehören beide zusammen. Freude – so sagt die Psychologin *Verena Kast* – ist eine gehobene Emotion, die das Herz weit macht. Freude kann man nicht befehlen. Doch in jedem von uns ist eine Quelle der Freude, auch wenn sie manchmal unter der Last der Sorgen und Ängste versiegt zu sein scheint. Jesus sagt von sich selbst: „Dies habe ich euch gesagt, damit meine Freude in euch ist und damit eure Freude angefüllt wird" (Johannes 15, 11). Jesus teilt mit seinen Worten seine innere Gestimmtheit von Freude uns mit. Und zugleich berührt er mit seinen Worten die Quelle der Freude, die auf dem Grund unserer Seele in uns strömt. Er bringt diese Quelle gleichsam zum Anschwellen, sodass sie nach und nach auch unser Bewusstsein durchdringt und unser Herz weitet. Es liegt an uns, ob wir mit der Quelle der Freude in Berührung kommen oder ob wir diese Quelle weiterhin unter der Decke unserer Unzufriedenheit verschlossen halten. Für den einen sind es Worte, die die Quelle der Freude zum Sprudeln bringen, für den andern ist es Musik. Das Singen bringt uns in Berührung mit der Freude, die in uns ist. Wir sind verantwortlich für die Freude. Es liegt an uns, uns in jedem Augenblick für die Freude zu entscheiden.

Dankbarkeit empfinden

Noch einmal ausbreiten
die Fundsachen des Tages:
den leuchtenden Guten-Morgen-Gruß
des Himmels,
das Lachen der Kinder
unter meinem Fenster,
die Einladung der Freundin
zum Tee,
die Momente der Stille
inmitten der Unruhe,
den Regenschauer,
der den Duft der Erde weckte,
das fröhliche Grußwort
der Nachbarin,
den Besuch der kleinen Katze.

Auch wenn Bedrückung
nicht ausblieb:
Der Tag war gut.
Dank sei Dir,
aus dessen Händen
ich Freundliches empfing.

Antje Sabine Naegeli

Alles ist geschenkt

Notker Wolf

An einem Tag wie dem Geburtstag sage ich mir ganz bewusst: Ich bin dankbar. Dankbar dafür, wie mein Leben gelaufen ist. Wenn ich einmal sterbe, werde ich wissen, dass es nie langweilig war. Dankbarkeit ist für mich der Kern der Spiritualität: die Dankbarkeit für die eigene Existenz, die Fähigkeit, den gesamten Ablauf des eigenen Lebens anzunehmen, und die Möglichkeit, alles als Geschenk zu sehen. Alles, auch meine Zeit, ist geschenkt.

Ein Geburtstag ist gerade deswegen auch eine Möglichkeit, innezuhalten und aus der Hektik auszuscheren, die sonst den Alltag bestimmt. Das gilt aber nicht nur für einen so herausgehobenen, sondern für jeden Tag.

Wer dankbar ist, der ist nicht hektisch, denn ein dankbarer Mensch hält inne. Und erst im Innehalten kann man Dankbarkeit spüren. Dankbar bin ich in ganz bestimmten Momenten, wenn ich zum Beispiel auf einer Bergwiese sitze und sage: Herrgott, Mensch, wie ist es hier schön! Welche Gnade, dass ich hier sein darf. Danke.

Eine solche Gnade erlebte ich einmal mitten im Alltag. Mein Vordermann auf der Autobahn war so riskant gefahren, dass ich über eine Randmarkierung ausweichen musste. Der Reifen meines Autos platzte, und der Wagen wurde um die eigene Achse geschleudert. Als wir zum Stillstand kamen und unverletzt aussteigen konnten, sagte ich: „So, jetzt brauche ich erst einmal eine Zigarre." Der Polizist, der dazukam und mich sah, hat nur den Kopf geschüttelt und gesagt: „Na ja, dann kann es mit dem Schock nicht so schlimm sein, wenn Sie schon wieder eine rauchen." Ich fragte: „Wieso denn auch?"

Es war etwas anderes.

Das Wissen, in der Hand Gottes zu sein, gibt mir eine Grundgelassenheit, die für mein Leben entscheidend ist. Das ist eine Freiheit, die aus dem Glauben kommt. Wenn ich ins Auto einsteige oder in den Flieger, schlage ich das Kreuzzeichen. Egal, was mir dann passiert, mir ist nicht bang.

Was immer kommt, alles hat seine Zeit. Alles ist – letzten Endes – geborgen in Gott. Dafür bin ich dankbar.

Ich sage nie, Gott habe das alles so vorgesehen. Determinismus gehört nicht zu meinem Glauben. Nein, das meine ich nicht, im Gegenteil. Wenn ich es vergleichen soll: Es ist eher das Vertrauen eines Kindes seinem Vater gegenüber. Ich weiß: Ich werde bei allem, was geschieht, in Gottes Hand sein. Er wird für mich sorgen.

Auch für das Schlimme, das man im Leben erfahren hat, kann man dankbar sein. Nicht weil es schlimm ist, sondern weil wir letztlich daran gereift sind in der Art und Weise, wie wir es überstanden haben. Es hat mich vielleicht herausgefordert und weitergebracht – und somit seine eigene und wichtige Funktion ... Dankbarkeit sagt einfach Ja. Ich sage das volle Ja zu meinem Leben, aber ich sehe das nicht als blindes Schicksal an. Dankbarkeit ist eine personale Angelegenheit. Einer Person kann ich danken, einem Schicksal gegenüber kann ich nicht dankbar sein.

Vielleicht hat das mit Demut zu tun? Demut und Dankbarkeit sind verwandt. Einem anderen dankbar sein zu können bedeutet schon ein Stück Bescheidenheit. Demut bedeutet nicht: unterwürfig vor jemandem zu kriechen. Ich bin bereit, mein Leben als „gegeben", das heißt als Gabe und Geschenk, anzunehmen und nicht selber der Macher zu sein.

Dankbarkeit hat auch etwas mit Geschehenlassen, mit Gelassenheit zu tun. Das griechische Wort „charis" trifft es am ehesten: Gnade, die einem widerfährt.

Das meint keineswegs nur eine Hoffnung auf ruhige und gemütliche Zeiten. Es steht doch schon bei Kohelet: „Es gibt eine Zeit des Kampfes, eine Zeit des Krieges und eine Zeit des Friedens." Das kann ich positiv sehen und sagen: Es gibt nun einmal Zeiten, in denen ich kräftig arbeiten und mich plagen muss, und es gibt Zeiten, da ruhe ich aus. Ich kann nicht nur müßiggehen oder mich ausruhen. Dankbar bin ich für beides.

Womit Dankbarkeit zu tun hat

Andrea Schwarz

Ja, ich habe allen Grund, für mein Leben dankbar zu sein – auch wenn es nicht immer leicht war. Ich durfte zur Welt kommen, auch wenn meine Eltern zu diesem Zeitpunkt bettelarm waren – aber ich durfte leben. Meine Eltern konnten mir nach heutigen Maßstäben finanziell nicht viel bieten – Feiertag war, wenn es eine Flasche Malzbier gab. Aber sie haben mir viel Entscheidenderes gegeben: ihre absolute Liebe und ihre bedingungslose Solidarität, wenn ich mal Mist gebaut hatte.

Ich bin den richtigen Menschen zum richtigen Zeitpunkt begegnet – und sie haben mich herausgefordert, mich unterstützt, mich gehalten, mich konfrontiert, mich das Loslassen gelehrt. Ich habe die Aufgaben in meinem Leben bekommen, die gepasst haben, an denen ich gewachsen bin, die mir gutgetan haben – auch wenn manchmal dabei alle meine Pläne durchkreuzt wurden. Ich habe unsagbar viel erleben dürfen – eigentlich reicht es für drei Menschenleben aus –, und es war schön so! Ich werde fünfundfünfzig dieses Jahr – und finde es nicht selbstverständlich, dass ich halbwegs gesund bin. Da gibt es Freunde, die mich begleiten, und Menschen, die ich sehr mag. Es gibt ein paar Orte, an denen ich zu Hause bin, Heimat gefunden habe. Es gibt Bücher und Musik und Bilder und Landschaften ... Und es gibt einen Gott, an den ich glauben kann – und dem ich mich und mein Leben geben kann ...

Dankbarkeit kann aber auch falsch verstanden und missbraucht werden. Es gehört zum „guten Ton", Danke zu sagen, wenn man etwas bekommt – und das ist auch gut so. Nichts, was mir geschenkt wird, ist selbstverständlich – und mir das durch das Wörtchen „danke" ins Bewusstsein zu rufen, schadet sicher nichts.

Aber weil das so ist, wird es manchmal auch „benutzt". Man macht ein Geschenk, gleich welcher Art – und will eigentlich ein Gegengeschenk, will die Dankbarkeit, die Aufmerksamkeit des anderen …

Also: Schenke ich, um etwas zu bekommen – oder weil es mir Freude macht, zu schenken? Umarme ich, weil ich den anderen umarmen will – oder um umarmt zu werden? Berühre ich den anderen, weil es ihm guttut – oder um mich selbst zu spüren? Prüfe deine Motive! Wenn du schenken willst, schenke! Wenn du umarmen willst, umarme! Wenn du berühren willst, berühre! Aber erwarte kein Gegengeschenk, keine Umarmung, keine Berührung als Antwort. In dem Moment, wo ich einen Dank *erwarte* oder gar einfordere, verzwecke ich mein Geschenk, meine Freundschaft, meine Liebe. Und dann ist es kein Geschenk mehr, keine Freundschaft und keine Liebe. Dann habe ich nicht wirklich den anderen gemeint, sondern eigentlich mich. Ich glaube: Was ich jemandem Gutes tue, kommt irgendwie zu mir zurück. Es muss nicht unbedingt von demjenigen kommen, dem ich etwas Gutes getan habe, es kann von einer ganz anderen Ecke, von jemand ganz anderem kommen. Nichts geht verloren. Es kehrt immer wieder zu mir zurück – das Gute wie das Schlechte. Dankbarkeit ist der Blick zurück, aus dem heraus Neues wachsen kann. Dankbarkeit ist das Eingeständnis, dass ich vieles nicht machen kann, sondern dass es mir geschenkt wird. Das macht in einem guten Sinne demütig. Und es schenkt die Hoffnung, dass Neues werden kann und werden wird.

Vielleicht heißt Dankbarkeit schlicht und ergreifend, mein Leben bewusst zu leben, denen verbunden zu sein, die mitgehen, das, was mir geschenkt wird, wahrzunehmen – und das, was mir gegeben wurde, anderen weiterzugeben.

Das kleine Ich und das wahre Selbst

Richard Rohr

Der Selbsthilfe-Autor *Ken Keyes* sagt: „In die Welt kommt unendlich mehr Leiden dadurch, dass Menschen sich beleidigt *fühlen,* als dass Menschen andere *beleidigen.*" Wir sind äußerst empfindliche Menschen geworden und der Auffassung, uns stünde ungeheuer viel zu, ja, wir hätten sogar ein Recht darauf. Daher bläht sich das kleine Ich, fern von Gott, gewaltig auf; denn es ahnt, dass hinter ihm nichts wirklich Ansehnliches steckt.

Eine mir bekannte Stewardess erzählte, Stewardessen stritten sich manchmal darüber, wer im Abteil der ersten Klasse Dienst tut. Niemand wolle das gern, sagte sie mir. In der Economy-Klasse seien die Menschen viel freundlicher und dankbarer.

Bei den Anonymen Alkoholikern und in anderen Selbsthilfegruppen ist das Anspruchsdenken ein wichtiges Thema. Viele ehemalige Alkoholiker haben in ihrem Leben so manches entbehrt, sodass sie nicht selten das Gefühl haben, die Welt schulde ihnen noch einiges. Dies ist eine Form von Narzissmus, die weit über die von Alkoholismus betroffenen Persönlichkeit hinausgeht. Der gleiche Narzissmus hat die Vereinigten Staaten so weit gebracht, dass wir zu einer Gesellschaft endlos gegeneinander prozessierender Menschen geworden sind. Ständig verklagen wir andere, weil sie uns nicht geben, wovon wir meinen, uns stünde es zu und wir hätten Anspruch und Recht darauf. Wir fordern mittels Gericht, Gesetz und Geld ein, was uns Gericht, Gesetz und Geld nie werden geben können: unsere Selbstachtung. Nur Gott kann dem Menschen letztlich seine Würde schenken. Vielleicht deshalb schärfte Paulus den frühen Christen ein, sie sollten nie Prozesse gegeneinander führen …

Das kleine Ich fühlt sich seiner Natur nach immer unsicher und verletzt. Das wahre Selbst ist unzerstörbar und kann nicht beleidigt werden. Es steht nicht sehnsüchtig herum und wartet, bis man es liebt, um erst dann selbst zur Liebe fähig zu sein. Es wartet nicht auf Lobhudelei oder äußeren Erfolg, bis es an sich selbst glauben kann. Es weiß in aller Ruhe um sich selbst.

G. K. Chesterton sprach vom „mystischen Minimum", das er als *Dankbarkeit* definierte. Wer aus der unermesslichen Fülle des wahren Selbst lebt, dem bleiben weder Gedanke noch Zeit noch Raum, sich verletzt zu fühlen. Er weiß sich immer in Sicherheit und Ruhe und zutiefst dankbar. Ein Beispiel: *Ignatius von Loyola* sagte, falls der Papst seine „Gesellschaft Jesu", seinen Orden, verbieten sollte, würde er fünfundzwanzig Minuten brauchen, den Schmerz darüber zu bewältigen. Dies ist das Wort eines aus der Fülle schöpfenden, dankbaren Selbst. Das kleine Ich versteht so etwas überhaupt nicht und hält es für albern und mittelalterlich.

Um allem Vorgegebenen gegenüber dankbar sein zu können – um also zu sehen, dass das Glas noch halb voll ist –, bedarf es völlig anderer Augen als der, die nur sehen, dass das Glas schon halb leer ist. Ich glaube, man kann ohne Vereinfachung sagen, dass Menschen grundsätzlich entweder aus einer Grundhaltung der Dankbarkeit oder einer Grundeinstellung des Grolls leben. Dankbarkeit stellt das „mystische Minimum" dar: Sie anerkennt, dass alles Gegebene – selbst die Tatsache, dass ich atme – reines Geschenk ist. Niemand von uns hat es sich verdient, niemand hat ein Recht darauf. Uns bleibt einzig niederzuknien und den Boden zu küssen – irgendwo, gleich wo, überall.

4

Du brauchst nicht allein zu gehen

Mit der Gleichgültigkeit,
mit der wir uns selbst gegenübertreten,
werden wir auch auf andere sehen und sie verlieren.
Mit der Leidenschaft,
mit der wir füreinander da sind,
werden wir uns auch selbst finden.

Schwester Gisela Ibele

Zeit für Freundschaft

Margot Käßmann

Beim rechten Leben geht es immer wieder um das Zwischenmenschliche, die Verbundenheit, das Zusammensein mit Freundinnen und Freunden, Verwandten, Gästen. Gerechtigkeit ist nicht nur zu verstehen als Interessensausgleich, sondern als warmherzige Verbundenheit, Zärtlichkeit, Liebe.

Davon ist manchmal wenig zu erkennen in unserem Umfeld, in unseren Betrieben, in der Kirche. Auch hier sind unsere Beziehungen oft berufsbezogen. Zärtlichkeit und Warmherzigkeit werden dann weggesteckt in die Frauen-Ecke. Allenfalls noch modisch als „emotionale Intelligenz" gewürdigt. Freundlichkeit lieben – wenn das in der Bibel vom Menschen gefordert wird, ist eine Lebenszuwendung zum Anderen angemahnt. Sie schafft einen Lebenszusammenhang, in dem nicht die Ökonomie regiert, sondern die Zeit, die der sterbende alte Mann braucht, die Zeit, die ich für das Kind haben muss, für eine Frau auf der Straße, die Fragen hat. Wir müssen uns tatsächlich fragen, wie sehr wir Freundlichkeit lieben – und wie sehr wir auf uns selbst bezogen sind. Für wie kostbar halten wir unsere eigene Zeit, die wir dann lieber nicht mit anderen teilen?

Freundschaft wächst nur aus Interesse aneinander. Zeit füreinander, Zeit zu hören, zu reden. Und nicht dadurch, alles gleich verstehen und alles vergleichen zu wollen. Manches darf stehen bleiben. Wachsen braucht Zeit.

Leben teilen

Anselm Grün

Eine chassidische Geschichte zeigt uns, dass wir nur dann das eigene Leben leben können, wenn wir bereit sind, es mit anderen Menschen zu teilen. Da sagt ein Rabbi: „Jeder Mensch ist berufen, etwas in der Welt zur Vollendung zu bringen. Eines jeden bedarf die Welt. Aber es gibt Menschen, die sitzen beständig in ihren Kammern eingeschlossen und lernen und treten nicht aus dem Haus, sich mit andern zu unterreden. Deswegen werden sie böse genannt. Denn wenn sie sich mit den andern unterredeten, würden sie etwas von dem ihnen Zugewiesenen zur Vollendung bringen. Dies bedeutet es: sei nicht böse vor dir selber, gemeint ist damit: dass du vor dir selber verweilst und nicht zu den Menschen ausgehst. Sei nicht böse durch Einsamkeit."

Es gibt eine gute Einsamkeit, die uns zur Gemeinschaft befähigt. Aber es gibt auch eine böse Einsamkeit, die uns isoliert. In ihr verschließen wir uns und leisten so nicht den Beitrag, den die menschliche Gemeinschaft von uns erwartet, dass wir auf unsere ganz persönliche Weise das Miteinander befruchten und auf unsere einmalige Weise etwas von Gottes Fülle in dieser Welt zur Erscheinung bringen.

Wenn du die Gemeinschaft von Menschen als Zeichen siehst für die Gemeinschaft, die Gott dir schenken möchte, dann kannst du sie genießen. Dann wirst du immer wieder dankbar sein für die Erfahrung von Angenommensein. Du weißt, wo du hingehörst. Du kannst dort sein, wie du bist. Du musst dich nicht beweisen. Du musst nicht immer Erwartungen erfüllen. Du kannst dich fallen lassen. Du darfst auch einmal schwach sein. Gerade das ist ein Zeichen von christlicher Gemeinschaft, dass wir auch unsere Schwäche, unsere Wunden zeigen dürfen.

In Gemeinschaft leben

Joan Chittister

Der Altvater Kassian erzählte: Einst kam Abba Johannes, der Vorsteher eines großen Klosters, zum Altvater Pambo, der vierzig Jahre in äußerster Einsamkeit verbracht hatte. Und da er ihn sehr liebte und ihm vertraute, sagte er zu ihm: „Du, der du so lange Zeit Einsiedler bist und kaum von einem Menschen belästigt wirst, was hast du vollbracht?" Er antwortete: „Seit ich in der Einsamkeit bin, hat die Sonne mich nie essen sehen." Da sprach aber Abba Johannes: „Und mich hat sie nie zornig gesehen."

Einsamkeit – ein Element des spirituellen Lebens, das gerne romantisiert und oft übertrieben wird – bietet gewiss ganz eigene Möglichkeiten der inneren Entwicklung. Doch wie Abba Johannes andeutet, kann es gleichwohl auch gefährlich sein, die Einsamkeit als Brennofen für die Seele zu wählen. Denn es macht die Verlockung groß, spirituelle Entwicklung an einem geringeren Standard zu messen, als ihn das Evangelium beschreibt. Die Altväter wussten, dass ein Leben in Abgeschiedenheit dazu verführen kann, religiöses Training mit Heiligkeit zu verwechseln. Wenn körperliche Askese und Einhaltung von Regeln der Maßstab unserer Spiritualität ist, dann wird geistliches Reifen zu einer Art spirituellen Mathematik. Wir zählen zusammen, was wir getan haben, was wir „aufgegeben" haben und was wir vermeiden, und halten uns selbst für heilig. Das Problem dabei ist, so wussten die großen Meister des spirituellen Lebens, dass eine solche Messmethode nur einen Teil der Wirklichkeit erfasst. Ein ganzer Mensch zu werden, umfassende spirituelle Reife zu erlangen, ist außerhalb der menschlichen Gemeinschaft nicht möglich.

Ein wahrhaft spiritueller Mensch muss sich nicht vom Leben zurückziehen, um Gott zu finden. Er hört die Stimme Gottes in der Stimme des anderen, sieht das Antlitz Gottes im Gesicht seines Gegenübers und erkennt den Willen Gottes in seinen Mitmenschen. Er dient dem Herzen Gottes, indem er die Wunden des anderen pflegt und sein Rufen erhört. „Die stärkste Art von Mönchen", besagt die Benediktsregel, „sind die, welche in Gemeinschaft leben … Allein zu leben soll nur selten erlaubt werden." Der heilige *Basilius*, ein früher Führer des östlichen Mönchstum, bringt es mit seiner Frage auf den Punkt: „Wessen Füße soll der Einsiedler waschen?" Die Aussage ist klar: Es ist die menschliche Gemeinschaft, die den spirituellen Kern eines Menschen auf den Prüfstein stellt.

Gemeinschaft, lehrt *Abba Johannes*, schenkt uns die Art von Beziehungen, die uns helfend durch die Minenfelder unserer Selbstsucht begleiten, die uns mit unserer Verantwortung konfrontieren, uns über uns selbst hinauswachsen lassen und Tag für Tag unser Mitgefühl herausfordern. Indem wir in den Bedürfnissen anderer erkennen, was wir selbst loslassen und drangeben sollen, werden wir tatsächlich frei von uns selbst.

Indem wir uns den Herausforderungen der Zeit stellen, lassen wir den Geist zu uns sprechen. Indem wir uns mit der sturen Unnachgiebigkeit anderer beschäftigen müssen, erkennen wir unsere eigenen Verfehlungen. Indem wir in unserer Umwelt den Willen Gottes für uns entdecken, wird unsere Reaktion auf die Menschheit zum Maßstab der Qualität unserer Seele.

Wenn Ärger unvermindert und ungeschlichtet in uns wütet, löschen wir den anderen in uns aus. Wenn Monate vergehen und wir nicht einmal mit unseren Nachbarn reden, sie nie besuchen, uns nie dazu aufraffen, unsere Einsiedelei für andere zu verlassen, verleugnen wir die Schöpfung.

Wenn wir uns gegen Ratschläge anderer sträuben und ihren Anfragen einfach ausweichen, dann hat Gott keine Stimme, die zu uns durchdringen könnte.

Der spirituelle Mensch sieht den Schöpfer im Glanz der Schöpfung. Gott, so weiß er, ist in allem, was ist. Das Gute, das wir in anderen sehen, lässt uns einen Blick auf Gottes Angesicht erhaschen. Was wir von anderen lernen, lernen wir über uns selbst. Der Respekt, den wir anderen entgegenbringen, spiegelt unsere eigene Einstellung zur Schöpfung wider. Die Art, wie wir auf die Bedürfnisse anderer reagieren, ist ein Hinweis auf unsere eigenen Bedürfnisse. Die Aufmerksamkeit, die wir anderen schenken, wirft Licht auf unseren wahren Sinn für die Weite des Universums und lässt uns über uns selbst hinauswachsen. Der unerschütterliche Glaube anderer dient uns als Vorbild, wenn unser eigener Glaube wankt. Die Sichtweite anderer erweitert unseren eigenen Blick über den Alltag hinaus. Die Weisheit anderer kann uns helfen, Antworten zu finden, die nicht an der Oberfläche stehenbleiben. Wir sind aufeinander angewiesen, um jene Liebe zu finden, die unserem Leben Bedeutung schenkt, jene Liebe, die uns die ewige Liebe Gottes verbürgt, den kein Begriff einfangen kann.

Was unsere Spiritualität taugt, hängt davon ab, ob wir aufrichtig den Platz betrachten, den wir in der menschlichen Gemeinschaft einnehmen sollen. Spiritualität bedeutet zuzulassen, dass andere jeden Tag die engen Grenzen, die wir um unser Leben gezogen haben, überqueren – und auf ihre Aufforderung zu hören, mehr zu sein als das, was wir sind.

Großherzig schenken

Christian Heidrich

Wer großherzig ist, wer schenken kann, ohne dass er einen Gedanken an den Gegenwert verschwendet, übt sich in die Freiheit ein. Er wird frei von einem scheinbar natürlichen, in Wirklichkeit oft jedoch zwanghaften Trieb, jede Leistung mit einer Gegenleistung zu verrechnen. Dieses Freiwerden öffnet uns die Augen für den wahren Preis vieler Güter und für jene Güter, die sich jeder Preiskalkulation entziehen. Das Konzept der Großherzigkeit steht auch für die Überzeugung ein, dass die Praxis mehr wiegen muss als aller Zweifel.

Es ist einfach, seinen eigenen Zweifel zu kultivieren und vorzuzeigen; etwa den Zweifel am Fortschritt, am Menschen, an Gott. Wer sich hingegen hoffnungslosen Fällen widmet, wer großherzig seine Zeit und seine Hoffnung verschenkt, der stemmt sich der Kultur des Zweifels entgegen. Die zerstörerische Wirkung des allumfassenden Zweifels wird nur durch eine hellere Praxis aufgelöst.

Schließlich bleibt das Konzept der Großherzigkeit aufs Engste mit dem religiösen Leben verbunden, genauer noch, mit dem Streben nach einem reifen, geglückten Leben. Wer an Heilige denkt – an solche, die es „offiziell" sind, und solche, die um die Ecke wohnen –, der sieht vor allem ihren nicht berechnenden, großherzigen Umgang mit den Gaben, die ihnen zur Verfügung stehen. Heilige teilen ihr Brot und ihren Glauben, ihre Freiheit.

Dass es so viele Wege zur Heiligkeit gibt wie Menschen, mag banal klingen. Gleichwohl finden all diese Wege in der Großherzigkeit ihren Schnittpunkt. Sie ist es, die uns erfahren lässt, dass unser Leben mehr sein will als die Summe raffinierter Mechanismen zur Eroberung des uns vorgeblich zustehenden Teiles …

Erfahrungen mit der Großherzigkeit lassen zu der Einsicht kommen, dass jene Bereiche des Lebens, die sich nicht berechnen lassen, die fruchtbarsten sind. Wer „Arme, Krüppel, Lahme und Blinde" an seine Tafel heranlässt und dafür keine Dankbarkeit erwartet, „kann etwas erleben". Vielleicht eine Reihe von lästigen Missgeschicken, vielleicht aber auch Erfahrungen, die unsere Seele weiten, die uns zu stärkeren und farbigeren Menschen machen. Manchmal, so wird berichtet, lernen wir dabei sogar, uns selbst nicht so wichtig zu nehmen.

Stille Liebe

Ylva Eggehorn

Rebekka – die Frau Isaaks in der biblischen Erzählung – war wirklich stark, und das wusste sie. Sie nahm das als selbstverständlich hin. Das Problem mit starken und guten Menschen ist, dass sie lange Zeit brauchen, bis sie ihre Grenzen erkennen. Vielleicht fand Rebekka ihre Grenze erst, als sie ziemlich alt war. Und da, so glaube ich, entdeckte sie etwas sehr Wichtiges: Sie hatte das alles nicht allein geschafft. Sie hatte es als gegeben hingenommen, als selbstverständlich – ein Geschenk, das sie Tag für Tag erreicht hatte, aus einer stillen, unterirdischen Quelle. Jemand war ihr ein Leben lang gefolgt, eine Person, die ihre grundlegenden Bedürfnisse erfüllt hatte, lange bevor sie reden oder sich erinnern konnte. Diese Person war Debora, ihre Amme.

Als die Erzählung von Rebekka beginnt, ist Debora eine Frau ohne Namen. Als Rebekka ihre Heimat verlässt, ist nur von „einigen Dienern" die Rede, die mit ihr ziehen, darunter auch die Amme. Das spiegelt, so glaube ich, die Arroganz der unerfahrenen, jungen Frau wider, die noch nicht versteht, welche Bedeutung Debora in ihrem Leben hat und noch haben wird.

Aber die Jahre vergehen. Mit der Zeit löst sich die Amme aus der selbstverständlichen Anonymität. „Debora, Rebekkas Amme, starb und wurde unter einer Eiche begraben, die den Namen Träneneiche erhielt." Debora wird sie selbst, eine Person, und sie gibt einem Baum ihren Namen. Als Debora stirbt, hat Rebekka eingesehen, dass sie die heimliche Quelle ist, die ihr Kraft und Gnade spendet, ohne selbst eine große Sache daraus zu machen.

Gnade ist kein Blitz vom Himmel, und Gnade ist auch keine Belohnung für gutes Verhalten. Gnade ist Gottes unterirdischer Liebesstrom, der durch unser Leben fließt. Egal, ob wir das merken oder nicht! Debora wird unter einem Baum begraben. Einer Eiche. Eichen wachsen langsam und bekommen große, Schatten spendende Kronen. Sie haben tiefe Wurzeln. Sie bekommen ihre Blätter erst spät im Frühjahr. Aber ihr Schatten reicht bis weit in den Herbst. Sie bieten einen Ort, wo wir uns angenommen wissen, einen Ort, wo alles in unserem Leben einen Raum der Ruhe und des Schutzes findet, der Versöhnung und der Reife. Und schließlich auch einen Ort der Dankbarkeit für die namenlose Zärtlichkeit, die mir in den Tagen folgte, als ich stark war.

Ich bin zu Recht stolz auf das Schwere, das ich gemeistert habe. Aber es ist wichtig, nach und nach auch die stille Liebe zu entdecken, die mich getragen hat.

Trau dich, Liebe zu gestalten

Bruder Paulus Terwitte/Marcus C. Leitschuh

Jede Beziehung hat ihre unverwechselbaren Seiten. Etwas, das uns glücklich gemacht hat und von dem wir wissen, dass es so nie wieder sein wird. Eine besondere Gewohnheit des Partners, der Partnerin. Eine liebgewonnene Eigenheit. Ein verbindendes Hobby. Der traditionelle Satz zum Abschied … Die Macht der Gewohnheit ist eine prägende Macht. Gewohntes wird schnell zum vermeintlich Gewöhnlichen. Doch gerade die Gewöhnung schenkt uns Sicherheit. Diese Sicherheit schenkt uns wiederum Freiräume, die freilich nicht dazu da sind, es uns bequem abgesichert gemütlich zu machen. Wer sich an seine Beziehung gewöhnt hat, der hat die Freiheit, für sie etwas zu tun. Das Gewohnte wieder frisch und immer wieder mit Wertschätzung und Dankbarkeit in den Blick zu nehmen. Danke für das zu sagen, was normal geworden ist.

Rituale wiederfinden

Im Alltag bleibt nicht viel Zeit, die eigene Beziehung zu leben. Job und Kinder, Hobbys und Engagement rauben uns Zeit. Umso mehr können uns Rituale helfen. Nicht, wenn sie zwanghaft sind, sondern dann, wenn sie Alltag werden. Wenn die wöchentlich gemeinsam geschaute Fernsehsendung, der Spaziergang am Sonntag, die von allen Reisen mitgebrachte Kaffeetasse, der wöchentliche Anruf um die gleiche Zeit: wenn all das nicht Belastung, sondern mit Vorfreude und Sicherheit verbunden ist. Das gewohnte Wort zur Verabschiedung oder Begrüßung ist alles andere als gewöhnlich. In der Gewöhnung kommt erst das Besondere zum Vorschein.

Jahrestage wirklich beachten

Der vergessene Hochzeitstag ist sprichwörtlich. Doch er ist nicht der einzige Anlass, an die Liebe und den Liebsten, die Liebste zu denken. Ein Blick in alte Kalender zaubert allerlei zutage, was einmal war und aus heutiger Sicht einen Jahrestag wert ist. Der erste gemeinsame Urlaub. Der erste Kinobesuch. Das sind noch keine Traditionen, aber Jahres- und Erinnerungstage.

Ungewöhnliche Geschenke machen

Kleine Geschenke erhalten die Freundschaft, große Geschenke sind keine Garantie für die Liebe. So schön Perlenketten sind, wenn sie vorhersehbar zum Geburtstag gehören, werden sie überflüssig. Es sind die Kleinigkeiten, die groß sind. Wer Frösche mag, für den ist es der zufällig bei einem Kneipenbesuch entdeckte Bierdeckel mit Froschwerbung, die lustige Werbepostkarte am Türeingang.

Einen Liebesbrief handschriftlich schreiben

Nichts geht über einen Liebesbrief. Früher noch mit Tinte und mit Parfüm besprühtem Papier, heute wird daraus die SMS. Ein handgeschriebener Brief ist etwas Besonderes. Er muss nur wenige Zeilen lang sein, aber er zeigt, dass sich jemand Zeit genommen hat.

Nähe und Distanz

Pierre Stutz

Heilende Erfahrungen können sich mir eröffnen, wenn ich Distanz schaffe zu meiner Familie, meinem Alltag, meinem Umfeld. Bei wichtigen Loslösungsprozessen in unseren Beziehungen ermöglicht Distanz eine tiefere, freiere Verbundenheit. So wird wieder neu Nähe möglich, die nicht einengt, sondern zärtlich-lustvoll-wohltuend ist.

Je mehr ich gefordert bin, umso mehr brauche ich Distanz, um mich nicht zu verlieren im „Dschungel der Ansprüche": Diese lassen mich schlussendlich taub und stumm zurück. Heilender Rückzug ereignet sich, wenn ich ihn nicht als Abkapselung sehe, sondern als Dienst an der Gemeinschaft, um dadurch eine neue Offenheit zu erfahren. In meiner spirituellen Begleitung vieler Menschen wird auf die Dauer sichtbar, dass Menschen, die sich in die Stille zurückziehen, kraftvoller, kreativer und freier im Leben stehen. Eine befreiende Nähe wird möglich, die heilende Kräfte im Zusammenspiel der Begegnungen freilegt …

Jesus wagt Zuwendung und Berührungen, doch er entlässt die Menschen in Freiheit auf ihren Weg. Diese heilenden Erfahrungen sind notwendig in all unseren Reifungsprozessen, damit wir offene Menschen bleiben. Nähe und Distanz wagt Jesus in seinen heilenden Begegnungen. Bevor er Zuwendung schenkt, blickt er zum Himmel, in die Weite, um aus der Verbundenheit mit Gott sich zu engagieren. Er eröffnet uns durch diese Sichtweise des Lebens ein Stück Himmel.

Vom Umgang miteinander

Peter Dyckhoff

Kümmere dich nicht um Dinge, die dich nichts angehen, und mische dich nicht in Angelegenheiten anderer Leute. Bevor du deine Freunde ermahnst, schaue zunächst auf dich und frage dich, wie du mit demselben Thema umgehen würdest. Findest du nicht genügend Anerkennung durch deine Mitmenschen, so sei nicht traurig darüber. Viel wichtiger ist es, wie Gott dich sieht, der dich ja durch und durch kennt. Die meisten Menschen reifen im Umgang mit ihren Mitmenschen. Oft bleiben Verständnis und liebevolle Zuwendung aus. Beides aber darfst du von Gott, deinem Schöpfer, erwarten.

Viele Menschen maßen sich an, das Leben anderer zu beurteilen. Sie richten sich dabei allzu oft nur nach den äußeren Gegebenheiten und sagen: „Sieh, was hat der ein gutes Leben, und wie wenig hat er dafür getan!" Oder: „Wie reich, wie groß, wie mächtig und angesehen ist jener!" Enthalte du dich diesem Gerede und schau bei dir und anderen auf die wesentlichen Güter. Im Vergleich dazu wirst du feststellen, dass viele zeitliche Güter sogar beschwerlich sind, da man sie nicht ohne Sorge und Furcht besitzen kann.

Aus Liebe zu deinem Nächsten, der Hilfe nötig hat, kannst du ein anderes gutes Werk, das du begonnen hast, unterlassen oder es in die neue geforderte Situation einbeziehen. Somit brauchst du deine gute Absicht nicht aufzugeben. Im Gegenteil: Sie wird noch wertvoller, da du dich aus Liebe spontan einem anderen Menschen zuwendest und ihm das gibst, was er am dringendsten braucht. Ohne Liebe kann letztlich nichts gelingen. Was aber aus Liebe geschieht – und sei es noch so klein und gering –, ist immer groß und bringt reiche Frucht. Gott sieht mehr auf die Gesinnung, die dein Tun beseelt, als auf deine Leistung. Wer viel Liebe hat, der kann auch vieles vollbringen. Er macht seine Sache recht. Und wer seine Sache recht macht, der handelt nicht aus begrenztem Eigenwillen, sondern aus einem göttlichen Impuls – zum eigenen Wohle, dem der anderen und der gesamten Schöpfung.

Wer wirkliche und wahre Liebe besitzt, sucht niemals sich selbst, sondern in allem zuerst das Du des anderen und damit das Du Gottes. *In Demut schätze einer den anderen höher ein als sich selbst. Jeder achte nicht nur auf das eigene Wohl, sondern auch auf das der anderen* (Philipperbrief 2, 3b–4). Wer in dieser und aus dieser Liebe lebt, beneidet niemanden, sucht keine Vorteile für sich allein und teilt auch die eigene Freude mit anderen.

Menschsein

Benedikt XVI.

… es muss wieder gegenwärtig werden, dass Menschsein etwas Großes ist, eine große Herausforderung. Die Banalität des Sich-einfach-treiben-Lassens wird ihm nicht gerecht. Genauso wenig wie die Einstellung, Bequemlichkeit sei die bessere Art zu leben, Wellness sei der einzige Inhalt des Glücks. Es muss wieder spürbar werden, dass wir höhere Ansprüche an das Menschsein stellen müssen, ja, dass sich gerade erst dadurch das größere Glück eröffnet; dass dieses Menschsein gleichsam eine Bergtour ist, bei der es schwierige Steigungen gibt. Aber erst durch sie gelangen wir in die Höhe und können dann die Schönheit des Seins überhaupt erst erfahren.

Der Weg der Geduld

Henri Nouwen

Ein Freund erzählte mir eine Geschichte, die mir besser als jede jemals zuvor gehörte Erklärung verständlich machte, was Mitleid wirklich heißt: In Indien lebte einmal ein alter Mann, dessen Gewohnheit es war, jeden Tag zu früher Stunde unter einem großen Baum am Ufer des Ganges zu meditieren. Eines Morgens, als der Mann seine Meditation beendet hatte und die Augen aufschlug, sah er einen Skorpion hilflos in der Strömung treiben. Als der Skorpion in die Nähe des Baumes gelangt war, verfing er sich in dem weit in den Strom reichenden Wurzelwerk. Der Skorpion kämpfte wie besessen, um sich zu befreien. Aber je heftiger er sich hin und her warf, desto aussichtsloser verstrickte er sich im Wurzelgewirr.

Als der alte Mann die verzweifelten Befreiungsversuche des Tieres sah, legte er sich in seiner ganzen Länge auf eine in das Wasser reichende dicke Wurzel und griff mit ausgestreckter Hand nach dem zappelnden Skorpion, um ihn zu retten. Doch kaum hatte er ihn berührt, stach das Tier plötzlich zu. Instinktiv zog der alte Mann die Hand zurück. Aber nachdem er die Balance wieder gefunden hatte, streckte er noch einmal die Hand aus, um dem um sein Leben kämpfenden Skorpion zu helfen. Und wieder stach der Skorpion zu, sobald ihn der alte Mann zu fassen versuchte. So ging es fort, bis die Hände des alten Mannes durch die Stiche des giftigen Schwanzstachels anschwollen und bluteten. Mit schmerzverzerrtem Gesicht beobachtete er den immer noch im Wasser um sich schlagenden Skorpion.

In diesem Moment kam ein Wanderer des Wegs, sah den auf der Baumwurzel ausgestreckt liegenden und mit dem Skorpion kämpfenden alten Mann und rief ihm erstaunt zu: „He, Alter! Was ist mit dir? Nur ein Dummkopf riskiert sein Leben für ein hässliches, nutzloses Geschöpf. Du weißt wohl nicht, dass es dich das Leben kosten kann, wenn du meinst, diese undankbare Kreatur retten zu müssen?" Der alte Mann hob bedächtig den Kopf, blickte dem Fremden ruhig in die Augen und erwiderte: „Mein Freund, sollte ich wegen der Natur des Skorpions, zu stechen, meine eigene Natur, zu retten, aufgeben?"

Das ist also die Frage: Warum sollten wir unsere Natur, mitleidend zu sein, aufgeben, selbst wenn wir in einer beißenden, stechenden Welt gepeinigt werden? Die Geschichte vom alten Mann und dem Skorpion enthält eine große Herausforderung an eine Gesellschaft, in der man uns glauben machen will, dass der Kampf einer gegen den anderen den menschlichen Entwicklungsprozess dominiert. Diese Geschichte fordert uns heraus zu beweisen, dass Umarmen menschlicher ist als Zurückstoßen, dass Küssen menschlicher ist als Beißen, Anblicken menschlicher als Anstarren, Freundschaft schließen menschlicher als Rivalisieren, Frieden stiften menschlicher als Krieg führen – kurzum: dass Mitleiden menschlicher ist als Zank und Streit.

Was aber ist, praktisch gesehen, gelebtes Mitleiden? Der Weg des Mitleidens ist der Weg der Geduld. Die Geduld ist die Disziplin des Mitleidens. Das leuchtet ein, wenn wir uns klarmachen, dass man statt Mitleiden auch Mitdulden sagen könnte. Wie im Lateinischen die Worte *passio* (Leiden) und *patientia* (Geduld) auf das Wort *pati* (leiden, ertragen) zurückgehen, so geht im Deutschen das Wort *Geduld* auf *dulden* zurück. Das gelebte Mitleiden könnte man als ein geduldiges Leben beschreiben, das man mit anderen führt.

Geduldige Menschen sind unschwer zu erkennen. In ihrer Gegenwart geschieht in uns etwas Großes. Sie lösen uns aus unserer Hetze und Betriebsamkeit und nehmen uns mit in die Fülle der Zeit Gottes. In ihrer Gegenwart spüren wir, wie sehr man uns liebt, annimmt und schätzt. All die großen und kleinen Dinge, die uns nie ruhen ließen, scheinen plötzlich ihre Macht über uns zu verlieren, und uns geht auf, dass alles, wonach wir uns wirklich gesehnt hatten, in diesem einen Augenblick des Miteinander-Fühlens seine Erfüllung findet.

Die Geduld ist unsere Chance, uns nicht so ernst zu nehmen, und weckt jedes Mal unseren Argwohn, wenn unsere vielen aufopfernden und dienstbeflissenen Pläne uns wieder in den Zeitablauf unserer Uhren und den Zwang unserer Kalender einspannen wollen. Die Geduld macht uns liebevoll, aufmerksam, liebenswürdig, zart und immer dankbar für die Fülle der Gaben Gottes.

Loslassen

Karl Rahner

Ach, es gibt viele Menschen, die meinen, sie wüssten, woran sie sind. Mit sich, ihrer Gesellschaft, ihrem Leben, ihrer Aufgabe. Natürlich weiß man viel von all dem. Und warum sollten einem diese Einsichten nicht als Speise und Weggeleit auf dem Weg dienen, der in die Unbegreiflichkeit seiner selbst und Gottes führt? Aber immer mehr merkt man, wie alle Erkenntnis eben doch nur Weg in die (gewusste und angenommene) Unbegreiflichkeit ist, dass das eigentliche Wesen der Erkenntnis die Liebe ist, in der die Erkenntnis außer sich gerät und der Mensch sich willig loslässt in die Unbegreiflichkeit.

5

Kostbare schwere Zeit

In mir schlummert eine Kraft,
die „trotzdem" sagen kann, selbst wenn
der Kopf und die Erfahrung verzagen.
Hoffnung heißt der Stoff,
aus dem unsere Seele gemacht ist.

Schwester Gisela Ibele

Mit offenen Augen

David Steindl-Rast

Wenn wir unsere Augen in Dankbarkeit für alles öffnen, was uns begegnet, sehen wir göttliches Licht durch alles, was ist, hindurchleuchten. Jemand mag dann etwa sagen: „Na ja, aber wie kann ich für Völkermord dankbar sein? Wie kann ich für Terrorismus dankbar sein?" Und wie können wir für das Elend in den Straßen vor unserer Haustür dankbar sein? Oder für die Zerstörung unserer Umwelt? Oder für die Tierquälerei in Laboratorien und Legebatterien? Über diese Dinge an und für sich können wir uns keinesfalls freuen, doch dafür, dass sie uns Gelegenheit geben, etwas dagegen zu unternehmen, können wir dankbar sein.

Diese rückhaltlose Aufgeschlossenheit für das Geschenk des gegenwärtigen Augenblicks ist eine außerordentlich schöpferische innere Haltung. Sie inspiriert uns zum Hinschauen und Überlegen, was wir tun können, so wenig es auch sein mag ... Wenn genügend Menschen fragen: „Was können wir tun?", dann werden wir schließlich Lösungen für unsere dringendsten Probleme finden.

Angst und Weite

Odilo Lechner

Während einer schweren Hungersnot in Kampanien wollte der heilige *Benedikt* einem Bittsteller den letzten Rest des Öls im Hause geben. Der Verwalter der Vorratskammer zögerte aber, diesen Befehl auszuführen, weil dann ja die Brüder nichts mehr hätten. Da ließ Benedikt die Ölflasche zum Fenster hinauswerfen, damit nichts im Ungehorsam im Kloster bleibe. Die Flasche fiel zwar auf Felsen, blieb aber unversehrt und konnte dem Bittsteller übergeben werden. Benedikt rief die Brüder zusammen zum Gebet, und da füllte sich ein leeres Fass wieder mit Öl. Ein Wunder des Vertrauens auf die Fülle, die uns Gott verheißt.

Ohne das anvertraute irdische Gut zu vernachlässigen, darf doch unser Leben und Wirken getragen sein von dem Vertrauen, dass „das Gute ... nicht durch eigenes Können, sondern durch den Herrn geschieht" (Benediktsregel). Sicher gibt es Menschen, die sich mit solcher Sorglosigkeit schwertun, weil sie einen überaus ängstlichen Charakter haben. Ein Mitbruder war ungemein gehemmt, immer im ängstlichen Zweifel, ob er alles recht mache. So hat er sicher viel Zeit mit unnötigen Sorgen verbracht. Aber je älter er wurde, desto gelassener war er in demütiger Heiterkeit. Schon sehr krank hat er sich im Herbst vor zehn Jahren noch mit seinem Gehwägelchen in die Chorkapelle zur Mittagshore begeben und zog dann mit uns allen in den Speisesaal. Als das Tischgebet mit dem Segensspruch „Des himmlischen Mahles teilhaftig mache uns der König der ewigen Herrlichkeit" geendet hatte, sank er plötzlich zusammen.

Der herbeigerufene Arzt konnte nur noch den Tod feststellen. Das war gewiss kein fröhliches Mittagsmahl, aber eines, das mir trostreich und erbauend immer in Erinnerung bleibt. Im Vertrauen auf das Wirken des Herrn werden Angst und Traurigkeit überwunden. Benedikts großes Anliegen ist immer wieder, dass die Menschen nicht traurig werden. Vom Wirtschaftsverwalter heißt es in der Benediktsregel: „Er mache die Brüder nicht traurig". Die Schwächeren sollen Hilfen erhalten, damit sie den Küchendienst verrichten können, „ohne traurig zu werden". Darum sollen die, die den wöchentlichen Küchendienst beendet haben, vor der Gemeinschaft sprechen: „Gepriesen bist du, Herr und Gott, du hast mir geholfen und mich getröstet." Dem Ausgeschlossenen werden ältere weise Brüder geschickt, um ihn zu trösten, „damit er nicht in zu tiefe Traurigkeit versinkt".

Darum ist auch bei Widrigkeiten Freude und Dankbarkeit möglich ... Von Benedikt wird berichtet: „Die ganze Welt wurde ihm vor Augen geführt, wie in einem einzigen Sonnenstrahl gesammelt." Und der Lebensbeschreiber *Gregor* deutet das so: „So wurden nicht Himmel und Erde eng, sondern die Seele des Schauenden weit." „Im Licht innerer Schau öffnet sich der Grund des Herzens, weitet sich in Gott und wird so über das Weltall erhoben." Wenn unter den Werkzeugen der geistlichen Kunst die Benediktsregel auch das Ersehnen des ewigen Lebens mit allem geistlichen Verlangen nennt, dann ist damit eben jene Weite angezielt, die der Mensch in der Verbundenheit mit dem erlangt, der alles in sich vereint.

Das Viele, das uns umgibt, ist so oft im Widerstreit mit sich selber. Das Irdische, in dem wir leben, kann uns ganz in Beschlag nehmen und zerbricht doch selber. Der Weg des klösterlichen Lebens will in der rechten Ordnung des Vielen, im rechten Maß des Irdischen, zu einer letzten Einheit führen, zur Weite Gottes, die alles umfasst.

Er war immer ein guter Kerl

Notker Wolf

Mit dem Schlimmsten zu rechnen ist gut, aber nur der halbe Realismus. Man muss – und kann – auch in schweren Situationen nach einem Ausweg suchen. Meine Lebenserfahrung ist: Es kommt nicht so schlimm, wie man gedacht hat. Aus Russland stammt der Spruch: „Wem Gott die Tür zuschlägt, dem öffnet er ein Fenster."

Eine Geschichte, die mir einfällt, wenn ich daran denke, was Hoffnung sein kann: Eine Frau rief mich an und erzählte von ihren alltäglichen Problemen. Ihr Mann war an Alzheimer erkrankt. Sie pflegte ihn nun schon seit mehreren Jahren hingebungsvoll. Aber sie jammerte nicht und am Ende des Telefonats sagte sie: „Im Grund tu ich's gern. Er war immer ein guter Kerl. Und man weiß nie, wofür's gut ist …" Eine nüchtern-bayerische Art der Hoffnung könnte man das nennen.

Es geht nicht darum, ob es sich „rechnet". Die Möglichkeit, dass das nicht der Fall ist, wird nicht einmal kategorisch ausgeschlossen. Das ist der Witz bei der Hoffnung: Sie bietet keine Sicherheit mit Brief und Siegel. Trotzdem lässt sie nicht verzweifeln, sondern vertraut auf die positiven Möglichkeiten.

Diese Frau folgt einfach dem Impuls ihres dankbaren Herzens und packt an, zum Wohl ihres kranken Mannes. Das ist bodenständige Spiritualität. Nicht von der Sorte, die lebenslang hehre Werte propagiert und verzweifelt, wenn es ernst wird.

Geschenkte Zeit

Margot Käßmann

Gestern noch warst du voll gut drauf, alles normal, Alltag halt. Heute wirst du in eine Klinik eingeliefert, und dein Leben ändert sich völlig. Auf einmal wirst du morgens geweckt, der Klinikalltag bestimmt dein Leben. Blutdruckmessen, Frühstücksanlieferung, Visite, Untersuchung, Mittagessen, Besuchszeit. Du bist einem Rhythmus ausgeliefert, den du nicht selbst bestimmen kannst. Und in all dem fragst du dich: Wie krank bin ich? Was bedeutet das? Wo finde ich jemanden, der mir ehrlich und ernsthaft Auskunft gibt? Dann sollst du noch deine Angehörigen beruhigen, Besuch freundlich empfangen, mit dem Menschen im Nachbarbett plaudern. Das ist fast schon Stress und lässt kaum Zeit zum Nachdenken, kaum Zeit für die wirklich wichtigen Fragen: Was, wenn diese Situation mein ganzes Leben verändert, wenn nichts mehr wird, wie es einmal war? Was, wenn es eine Krankheit zum Tode ist, ohne Chance auf Heilung? Bin ich vorbereitet, habe ich geregelt, was mir wichtig ist, besprochen, was ich noch sagen wollte?

Wer plötzlich erkrankt, gerät in eine Ausnahmesituation. Im Krankenhaus ist ein Mensch fremdbestimmt. Die Abläufe eines solchen Hauses lassen sich nicht indivduell gestalten. Auf der anderen Seite kämpfen Patientinnen und Patienten um Information, Wissen und um Selbstbestimmung. Den Entscheidungen anderer ungefragt ausgeliefert zu sein, kann eine tiefe Demütigung bedeuten, gerade für Menschen, die es gewohnt sind, selbst zu entscheiden. Wichtig ist, dass Zeit bleibt zum Nachdenken. Habe ich Angst vor der Krankheit? Wie kann es weitergehen? Ist solche Zeit vorhanden, kann eine Krankheit auch eine Chance sein, ein geschenkte Zeit, in der ich neu ordne, was wichtig ist.

Wie ein kostbares Geschenk

Dietrich Bonhoeffer

Je schöner und voller die Erinnerungen,
desto schwerer die Trennung.
Aber die Dankbarkeit verwandelt
die Qual der Erinnerung
in eine stille Freude.
Man trägt das vergangene Schöne
nicht mehr wie einen Stachel,
sondern wie ein kostbares Geschenk
in sich.

Unser größtes Geschenk

Henri Nouwen

Inzwischen bin ich dreiundsechzig, und ich werde alt. Es ist merkwürdig, mich selbst beim Altwerden zu erfahren und zu sehen, dass andere sich mir gegenüber entsprechend verhalten! Vielleicht lebe ich noch zwanzig Jahre, vielleicht noch zehn oder auch nur fünf – mir bleibt jedenfalls nicht mehr viel Zeit. In meinem Alter werden die nächsten zwanzig Jahre schnell vergehen. Viele aus meiner Klasse und viele meiner Angehörigen sind bereits gestorben, und das bringt mich dazu, über meine eigene Sterblichkeit nachzudenken. Ich fühle mich angetrieben, die Realität meines eigenen Todes und das große Geheimnis im Angesicht dieses drohenden Ereignisses anzupacken. Mir ist klar geworden, dass der Tod für die meisten meiner Freunde kein Thema ist.

Die Leute, die ich kenne, denken nicht an den Tod oder die Fruchtbarkeit des Lebens nach dem Tod. Meine Freunde sagen Dinge wie: „Ich merke, dass ich immer weniger schaffe, aber ich hoffe doch, dass ich noch ein Weilchen lebe!", oder: „Ich will meiner Familie nicht zur Last fallen!" Manche können den Gedanken, dass andere für sie sorgen müssen, kaum ertragen. Für viele kranke und alte Menschen ist das eine ganz große Sorge.

Außerdem scheint kaum jemand den Tod als etwas *Gutes* zu betrachten. Dieser Gedanke gehört nicht zu unserer Kultur und ist auch kein sichtbarer Teil der kirchlichen Lehre. Wenn die Kirche über den Tod spricht, geht es meist um das Jenseits, um Himmel oder Hölle oder um das ewige Leben. Das ist ohne Frage entscheidend; aber es bedeutet: Wenn wir an den Tod denken, fragen wir uns vor allem, *wohin* wir gehen, wo wir uns schließlich wiederfinden werden und ob es etwas gibt, auf das wir uns freuen können. Wenn ich die Bibel lese, fällt mir auf, dass Jesus den Tod – besonders seinen eigenen – *nicht nur* als Wechsel von einem Ort an einen anderen betrachtete. In seinen Augen konnte sein Tod fruchtbar sein und seinen Jüngern großen Nutzen bringen. Als Jesus ahnte, dass sein Tod näherrückte, sprach er seinen Jüngern gegenüber immer wieder von demselben Thema: „Mein Tod ist gut für euch, denn er wird viele Früchte tragen. Wenn ich sterbe, werde ich euch nicht allein lassen, sondern ich werde euch meinen Geist senden. Er wird euch offenbaren, wer ich bin … und euch eine Beziehung zu mir ermöglichen, die es vor meinem Tod so nicht geben konnte." Jesus erkannte, dass die wahren Früchte seines Lebens erst *nach* seinem Tod reifen würden.

Wenn das wahr ist, dann ist die wirkliche Frage im Zusammenhang mit meinem eigenen Tod für mich nicht, wie viel ich vorher noch erreichen kann oder ob ich anderen zur Last fallen werde. Nein, die wirkliche Frage ist: Wie kann ich so leben, dass mein Tod für andere fruchtbar ist? Mit anderen Worten: Wie kann mein Tod ein Geschenk für die Menschen werden, die ich liebe, sodass sie die Früchte meines Lebens ernten können, nachdem ich gestorben bin?

Diese Frage lässt sich nur beantworten, wenn ich bereit bin, die Sicht, die Jesus von seinem Tod hatte, für mich selbst zu übernehmen. Wenn ihr den Mut habt, zu glauben, dass ihr schon vor eurer Geburt geliebt seid, werdet ihr plötzlich erkennen, dass euer Leben etwas ganz Besonderes ist. Ihr werdet erkennen, dass ihr nur für eine kurze Zeit – für zwanzig, vierzig oder achtzig Jahre – hierher gesandt worden seid, um zu entdecken und zu glauben, dass ihr geliebte Kinder Gottes seid. Wir sind als Gottes geliebte Kinder in diese Welt gesandt worden, und durch unsere Übergänge lernen wir, einander als Mann oder Frau, Eltern oder Geschwister zu lieben. Wir unterstützen uns gegenseitig bei den Übergängen des Lebens, und wir wachsen gemeinsam in der Liebe. Schließlich werden wir selbst zum Exodus gerufen, und wir verlassen die Welt, um zur vollen Gemeinschaft mit Gott zu finden.

Dann können wir wie Jesus unseren Geist der Liebe zu unseren Freunden senden. Unser Geist, die Liebe, die wir zurücklassen, ist tief in Gottes Geist. Er ist unser größtes Geschenk an die Menschen, die wir lieben.

Danke für dieses Leben

Andrea Schwarz

Dankbarkeit hat etwas mit „bewusst leben" zu tun – und damit, dass ich mein Leben anschaue, es wahrnehme. Zugegeben, manches, was wir erleben, lädt nicht gerade zur Dankbarkeit ein. Wie will ich für Krankheit und Tod, für Scheitern und Grenzerfahrungen dankbar sein?

Aber im Nachhinein bekommt manches seinen Sinn, was ich im konkreten Erleben nicht sehen, nicht wahrhaben konnte. Das, was ich erlebt habe, hat manchmal in meine Kategorien des Lebens nicht hineingepasst – und das hat oft sehr wehgetan. Manchmal wurden mit dem, was mir zugemutet wurde, Grenzen überschritten. Aber wie will ich wachsen, wenn nicht ab und an Grenzen überschritten werden – oder ich Grenzen überschreite? ... Und das bringt es manchmal mit sich, dass ich auch für etwas „danke" sage, was eigentlich nicht leicht und nicht schön ist, eben weil Grenzen überschritten werden.

Eine solche „Grenzüberschreitung" war für mich der Tod meines Vaters.

es fällt schwer
in solch einer Situation
des Verlustes
der Trauer
danke zu sagen

wofür soll man
Gott danken
wofür soll man
dankbar sein?

für diese Zeit des Leidens
für die Tatsache
dass ein Partner den anderen
gehen lassen muss
dafür dass man selbst
an Grenzen kommt

nein
dafür sagen wir nicht danke
und dafür müssen wir nicht danke sagen
denn es kommt nicht von Gott

all das ist ganz einfach
Teil unseres menschlichen Lebens
es gehört dazu
es gehört zu den Grenzen
in denen wir leben
und mit denen wir
leben lernen müssen

das Leiden
das Gehen
die Grenzen
der Tod

das ist
Mensch sein

aber
Mensch-sein
das heißt auch
gelebt zu haben
geliebt zu haben
gewesen zu sein

Mensch
gewesen zu sein

einmalig
unverwechselbar
einzigartig

und dafür sagen wir
danke

danke
dass es dich gab
und in unseren Gedanken
immer noch gibt

danke
dass du unser Leben geprägt hast
und noch immer prägst

danke
für all das
was du uns Gutes getan hast
und von dort aus
wo du jetzt bist
immer noch tust

danke dafür
dass wir teilhaben durften
an einem einzigartigen Leben

und dieser Dank
ist größer als unsere Trauer
dieser Dank ist größer
als aller Verlust

wir sagen danke für dich
und geben dich in die besten Hände
die wir uns denken können
in die Hände unseres Gottes

und wir geben uns
in die Hände unseres Gottes
möge er unsere Wunden heilen
uns in unserer Trauer trösten

möge er der Gott sein
für uns Lebende
und für unsere Toten

6

Unsere Zeit
in guten Händen

Was bleiben will, das muss sich auch ändern.
So wie die schwingende Brücke,
so wie der Baum im Wechsel der Jahreszeiten,
so wie das Meer bei Ebbe und Flut.
„Unruhig ist unser Herz,
bis es Ruhe findet in dir".

Schwester Gisela Ibele

Leben aus der Stille

David Steindl-Rast

Leben aus der Stille ist nichts anderes als dankbares Leben. Wir können „mitten in der Welt" all das, was wir tun, bestimmen lassen von jener Stille, die in der monastischen Tradition zu Hause ist. Dazu bedarf es nicht einmal der äußeren Stille, obwohl diese eine große Hilfe sein kann. Wir müssen nur dankbar leben lernen.

Die verlorene Kunst

Joan Chittister

*Einer der Altväter sagte: „Wie dein Gesicht sich in bewegtem
Wasser nicht widerspiegelt, so ist es der Seele nicht möglich, sich
Gott im Gebet ganz hinzugeben, wenn andere Gedanken sie
bewegen."*

Stille ist die verlorene Kunst in einer Welt aus Lärm. Morgens weckt uns das Radio, und abends, lange nachdem wir schon eingeschlafen sind, schaltet der Timer des Fernsehers den mit Sendungen vollgestopften Tag aus. Egal, ob wir im Auto fahren, im Aufzug stehen oder in einem Wartezimmer sitzen, überall umgibt uns Musik. Auf unserem Weg von der Küche ins Wohnzimmer, vom Wohnzimmer ins Bad, vom Bad in den ersten Stock, lassen wir uns rundum beschallen. In jedem Bürogebäude gibt es Lautsprecheranlagen, an jeder Straßenecke hören wir irgendwelche Durchsagen. Wenn wir Sport treiben, stecken wir uns die Kopfhörer unseres MP3-Players in die Ohren. Am Strand übertönt unser tragbarer CD-Spieler das Rauschen der Wellen. Wir umgeben uns mit Lärm und Radau, getarnt als Musik, Nachrichten und Fernsehserien. Sie sind die Barrieren unserer Seele, die uns davon abhalten, uns selbst zu hören.

Was ein spiritueller Mensch im Gegensatz zur modernen Gesellschaft nicht vergessen hat, ist die Einsicht, dass der wahre Stoff unserer spirituellen Entwicklung nicht in Büchern zu finden ist, sondern in uns selbst: er liegt in den Dingen, über die wir nachdenken, in der Kommunikation, in die wir unablässig verstrickt sind, im Ringen unserer Seele, das jeden Tag aufs Neue stattfindet. Doch solange wir nicht still werden, schweigen und lauschen, werden wir niemals verstehen, was wirklich vor sich geht – nicht einmal in uns selbst. Gerade nicht in uns selbst.

Wir fürchten uns vor der Stille, weil sie uns mit uns selbst konfrontiert. Stille ist ein äußerst bedrohlicher Teil unseres Lebens. Sie lässt uns erkennen, wovon wir besessen sind, und erinnert uns daran, was wir in uns noch nicht gelöst haben. Sie zeigt uns, was unter der Oberfläche unseres Lebens liegt, und führt uns an einen Ort, von dem es kein Entrinnen gibt, den keine Maske der Welt zu verbergen vermag, dessen Risse sich weder mit Geld noch Titeln noch Macht kitten lassen. In der Stille sind wir allein mit uns selbst. Die Stille ist, mit anderen Worten, die beste Lehrmeisterin des Lebens. Sie zeigt uns, was wir noch werden müssen, und wie viel uns fehlt, um es zu werden. „Wo ich auch bin, bin ich das, was fehlt", schreibt der Dichter *Mark Strand*. In der Stille stehe ich vor der Stimme Gottes. Sie ist die Leere in der Mitte meiner Seele, in der Gott und ich einander begegnen. Sie ist die Höhle, die der Geist durchschreiten muss, um die Missklänge des Lebens abzustreifen, so dass Gott, der dort auf uns wartet und bemerkt werden will, sich ausbreiten kann.

Ein Tag ohne Stille ist ein Tag, an dem mein Selbst nicht anwesend ist. Der Druck und der Sog eines lärmreichen Tages versagen uns den Trost Gottes. An einem solchen Tag werden wir von der Welt um uns hin- und hergeworfen und sind dem Klappern und Rattern unseres eigenen Herzens ausgeliefert. Spiritualität bedeutet, dass wir die ganze Geräuschkulisse der Welt um uns hinter uns lassen und in uns hinabsteigen, um dort Gott zu empfangen, der nicht im Sturm ist, sondern „eine Stimme verschwebenden Schweigens" (1 Könige 19, 12). Das Schweigen bringt uns nicht nur in Berührung mit der Stille Gottes, sondern lehrt uns, worüber wir öffentlich zu reden haben.

Die Antwort des Herzens

David Steindl-Rast

Für mich ist Dankbarkeit ein spiritueller Weg, der sowohl für den Einzelnen wie für die Welt zukunftsweisend ist. Wir sind heute eine ziemlich undankbare Gesellschaft. Wir wollen immer noch mehr besitzen, weil wir nicht dankbar sein können für das, was wir schon haben. Aber glücklicher sind wir nicht geworden. Wenn man hingegen dankbar ist, wird man sofort auch glücklicher ...

Ein Freund reicht dir ein verpacktes Geschenk, und du sagst: „Danke." Vielleicht meinst du, du habest deine Wertschätzung des Geschenks ausgedrückt. Aber warte! Du hast doch noch nicht einmal nachgeschaut, was sich in der Verpackung verbirgt. Wie also könntest du deine Wertschätzung ausdrücken? Was dein Dank wirklich ausdrückt, ist Vertrauen in deinen Freund. Ein dankbarer Mensch wird „Danke" sagen, bevor er das Geschenk auspackt. Wenn du deinen Dank erst ausdrückst, nachdem du dir das Geschenk angeschaut hast, dann ist das vielleicht klug, aber niemand wird dich dankbar nennen ... Nun setzt es wohl keinen allzu großen Mut voraus, jenem Freund mit der schön verpackten Schachtel zu vertrauen. Es stimmt zwar, sie hat gerade die richtige Größe, um eine mittelgroße Zeitbombe zu enthalten. Wer aber würde schon an diese Möglichkeit denken? Wenn dich aber das Leben beschenkt, dann ist das eine andere Angelegenheit. Gott hat so seine Art, Zeitbomben hübsch zu verpacken. Das wissen wir aus eigener Erfahrung. Dann reicht uns das Leben wieder einmal so ein Päckchen. Jetzt „Danke" zu sagen und es wirklich zu meinen, das verlangt schon Mut. Du denkst: „Aufgepasst! Das ist schon wieder so ein Geschenkchen. Es könnte mich den Kopf kosten." Aber dann sagst du dir: „Und wenn schon; ich vertraue, dass ich immer das bekomme, was ich brauche." Das ist mutiges Vertrauen! Es ist jenes Vertrauen, in dem Glaube und Dankbarkeit sich begegnen …

Danken, preisen und segnen: Alle drei gehören zur Dankbarkeit. Keines dieser Wörter reicht ganz zu. Loben und preisen mag sich für das Alltagsleben zu formell anhören. Vielen mag der Klang des Wortes „segnen" zu sehr nach Weihrauch riechen, um sich damit wohlzufühlen. Das Danken wiederum lässt eher an eine höfliche Konvention denken als an die universelle Haltung zum Leben, die wir hier meinen. Aber jeder einzelne dieser drei Begriffe fügt der Dankbarkeit einen Aspekt hinzu, den die anderen zwei nicht betonen. Das Preisen betont die Antwort auf einen Wert. Das Segnen hat einen religiösen Unterton. Das Danken weist auf die persönliche Verpflichtung. Nur zusammengenommen machen diese drei aus Dankbarkeit uneingeschränkte Dankbarkeit.

Und plötzlich ist alles ganz einfach. Wir können all die großen sperrigen Worte vergessen. Dankbarkeit sagt alles. Und Dankbarkeit ist etwas, das wir alle aus Erfahrung kennen. Kann spirituelles Leben wirklich so einfach sein? Ja, was wir insgeheim erhoffen, stellt sich als wahr heraus: Es ist alles ganz einfach. Es ist eigentlich gerade diese Einfachheit, die uns so schwierig erscheint. Aber warum vergessen wir nicht all die Komplikationen, die wir selbst auf unserem Weg auftürmen? Was Erfüllung bringt ist Dankbarkeit, die einfache Antwort des Herzens auf dieses uns gegebene Leben in Fülle.

Dank an den Erfinder

Andrea Schwarz

Familiengottesdienst am Sonntagmorgen, es quirlte ein bisschen in unserer Kirche umher, der Geräuschpegel war ein wenig höher als sonst an Sonntagen, es war alles irgendwie sehr lebendig. Schön so!

Das Thema des Gottesdienstes war „Dankbarkeit". Und am Beginn des Gottesdienstes ging der Gemeindereferent, der den Gottesdienst vorbereitet hatte, mit dem Mikro zu den Kindern in den ersten Bankreihen und fragte sie, wofür sie denn dankbar wären. Es kamen die schönsten Antworten – von „Familie" über „Opa und Oma" (die anscheinend als eigene Institution angesehen wurden!) bis hin zu Nintendo und MP4-Playern und Handys. Der Gemeindereferent spitzte seine Fragestellung noch einmal zu: „Wofür seid ihr denn Gott dankbar?" – kurze Stille, dann meldete sich ein Junge in der ersten Reihe und sagte laut und vernehmlich ins Mikro: „Dass er mich erfunden hat!"

Irgendwie – ein Schmunzeln ging durch die Reihen – und zugleich war das ein Moment, in dem der Atem stockte. Da sagt ein Zehnjähriger doch tatsächlich: „Ich bin Gott dankbar dafür, dass er mich erfunden hat!"

Gott hat mich erfunden.

Kann man es besser oder schöner sagen?

Natürlich, es gibt schöne lyrische Aussagen über genau diese Tatsache: „Gott hat geträumt von dir!" oder „Jeder Mensch ist ein Gedanke Gottes!" – alle ganz nett. Aber stattdessen: „Gott hat mich erfunden!"

Ich bin eine Erfindung Gottes.

Das heißt eigentlich, Gott hat sich Gedanken gemacht über mich. Er hat sich was einfallen lassen. Er hat sich mich einfallen lassen. Und dieser Einfall war es ihm wert genug, in die Tat umgesetzt zu werden. Und so wurde ich.

Gott hat mich wirklich erfunden.

Ich bin einmalig, einzigartig. Und ich bin von Gott gewollt.

Und genau das schenkt mir eine Würde, ein Ansehen, ein Selbstbewusstsein, eine Stärke, die es eigentlich aufnehmen müsste mit allen Widrigkeiten des Lebens. Wenn Gott mich erfunden hat, dann hat er mich gewollt – und dann kann mir eigentlich nichts mehr geschehen.

Die Predigt in diesem Gottesdienst hat eigentlich ein zehnjähriger Junge gehalten. Und es war eine der besten Predigten, die ich je gehört habe.

Ich bin Gott dankbar, weil er mich erfunden hat.

Amen.

Denn wir sind sein Werk

Weifan Wang

„Wir sind sein Werk."
So wie das Produkt zum Arbeiter oder die Kunst zum
Künstler,
so stehen wir zu Gott.
Berge und Meere, der Nachthimmel und die Wolken am
Morgen:
das sind die weiten Leinwände Gottes.
Dennoch bereitet es ihm mehr Freude,
wenn er einen Pinselstrich in unsere Herzen malen kann,
und sei er noch so klein.
Gott erschafft unendlich vielfältige Formen
in der Ewigkeit der Jahreszeiten und den Jahrbüchern der
Geschichte.
Aber es freut ihn mehr, wenn wir den Abdruck seines
Schnitzmessers an uns tragen.

Die Heiligen aller Zeiten sind zahlreich wie die Wolken,
und doch ist jede und jeder von ihnen durch Gottes Hände
geformt.
Gott müht sich mit mir und sucht nach Vollendung in mir –
ganz so als wäre ich seine einzige Schöpfung.

Vielleicht hält Gott in seinem Vorhaben manchmal inne,
um weiter an einem Design zu arbeiten oder über seine
Kunst nachzusinnen.
Aber mehr noch ist Gott ein Wartender –
denn Menschen sind nicht nur wie die Saiten einer Harfe.
Sobald unsere Saiten sanft angeschlagen sind, wartet Gott
geduldig darauf,
dass wir selbst die schönsten Melodien komponieren.

Das Leben ist nicht perfekt

Margot Käßmann

In der Mitte des Lebens, denke ich, gerät der Mensch ständig an Grenzen, wenn er sich nicht diese ganz grundsätzliche Frage stellt und zu einer Antwort findet – die Frage nach dem Sinn. Es gibt da diese Werbung für einen Wagen der besseren Mittelklasse. Auf einer Doppelseite ist ein Mann abgebildet, der am Abgrund steht und fragt: „Woher komme ich, wohin gehe ich?" Das ist die klassische, geradezu religiöse Frage. Und beim Umblättern geht's weiter: da ist er wieder da und sagt: „Mein Auto weiß die Antwort." Die Sinnfrage, sie wird hier wie oft mit einem Konsumartikel beantwortet. Warum nicht gleich schreiben: „Meinen Sinn, den kauf ich mir …"

Sinn aber ist etwas anderes als ein Zweck, den ich mit Sachen erreichen kann. Beim Sinn geht es tatsächlich um die Frage nach Ursprung und Ziel. Als Christin finde ich Sinn in dem eigenen Geschaffensein. Der Schöpfer meines Lebens, Gott, spricht meinem Leben Sinn zu, gleich wie verwundet und zerstückelt es ist … Nach christlichem Verständnis gilt: Ein erfülltes Leben, einen Sinn, den es trägt – den kann ich nicht selbst schaffen, er wird mir zugesprochen …

Wer nach Sinn sucht, fragt nach erfülltem Leben. Als Christin entspringt für mich dieses erfüllte Leben dem Glauben als Vertrauen in die Zuwendung durch Gott. Glaube bezeichnet nach christlichem Verständnis, dass ich mich auf Gott als mein Gegenüber verlasse. Weil Gott Beziehung sucht, ein Gegenüber sehen will, deshalb hat Gott den Menschen geschaffen zum eigenen Bilde … Vor kurzem habe ich in Güstrow eine Ernst-Barlach-Ausstellung ansehen können. In Güstrow verbrachte der Künstler seine letzten

Lebensjahre; Bitteres hat er dort erfahren, als „entarteter Künstler" wurde er am Ende von den Nationalsozialisten ausgegrenzt. In einer kleinen Kapelle waren Figuren *Ernst Barlachs* zu sehen, unter anderem eine Auftragsarbeit, die er für Lübeck begonnen hatte. Ihr Titel ist „Gemeinschaft der Heiligen", und es hat mich sehr bewegt, die ersten drei Figuren zu sehen, die er für diese nie vollendete Sequenz geschaffen hat. Die erste Figur ist „der Sänger". Ein junger Mann, der die Noten in den Händen nach unten hat sinken lassen. Trotzig und sanftmütig zugleich blickt er nach vorn. Ich denke an einen, der singt angesichts des Todes. In der Verfolgung im sogenannten Zirkus der Römer vielleicht – Brot und Spiele für die einen, Leiden und Tod für die anderen. Immer wieder berichten die Geschichten, dass Menschen auch gesungen haben in den Konzentrationslagern der Nationalsozialisten, die Moorsoldaten etwa, die Verfolgten so mancher Regime. „Es bleibet dabei, die Gedanken sind frei!" Das Singen hat manchmal eine besondere und subversive Kraft.

Die zweite Figur, die in Güstrow zu sehen ist, das ist ein Bettler. Zerschossen die Beine. Auf Krücken mit letzter Kraft gestützt. Aber aufrecht! Den Blick trotzig gen Himmel gerichtet. Ein Versehrter des Ersten Weltkriegs wohl. Barlach selbst hatte diesen Krieg zunächst begrüßt und sich gewünscht, dass die Deutschen es den anderen mal „so richtig zeigen". Aber bald begreift er das ganze Elend des Krieges. In den Augen, den vielleicht erblindeten Augen dieser Figur, ist es zu sehen. Dieser Bettler mit den leeren Augen bestätigt ausdrücklich, was Jesus in der Bergpredigt gesagt hat: „Selig sind die Friedfertigen, denn ihrer ist das Himmelreich."

Die dritte Figur Barlachs schließlich ist eine Frau im Wind. Einige der Figuren Barlachs sind dadurch gekennzeichnet, dass sie im Wind stehen. Diese Frau fasziniert durch eine herbe Schönheit. Und durch den Schmerz, den ihr Gesicht kennzeichnet. Was hat sie erlebt und erfahren? Welcher Wind hat ihr ins Gesicht geblasen? Der Verlust einer Liebe? Der Tod eines Kindes? Missachtung oder Krieg? Wir wissen es nicht, aber sie ist eine tief berührende Figur.

Wie gern hätte ich die anderen dreizehn Figuren von Barlach gesehen! Auf so eindrückliche Weise zeigt er schon mit diesen Dreien: Heilige sind nicht perfekte oder solche, die sich aufopfern im Leben. Heilige sind gerade auch die Gebrochenen, die schweren Herzens sind, die Trauernden, all diejenigen, die Jesus in der Bergpredigt „selig" nennt. Es sind Menschen, denen bewusst ist, dass sie ganz und gar auf die Gnade Gottes angewiesen sind. Kein klares, vielleicht überhebliches Leben also, sondern eines in Demut und mit gebeugtem Knie.

Die drei Figuren zeigen, wie fragmentarisch unser Leben ist. Es gibt immer wieder Schmerz und Leid. Unsere Lebenspläne werden manches Mal brutal durchkreuzt, das Lebenskonzept lässt sich nicht verwirklichen, etwas, das stabil schien, zerbricht in Scherben. Und trotz alledem ist das Leben ein Ganzes, kann sozusagen „heil werden" vor Gott. Dass ich angenommen bin auch mit dem Stückwerk, das mein Leben ausmacht; dass das Leben oft keine Erfolgsstrecke ist und gerade meine Bedürftigkeit bei Gott angesehen wird, und dass meine Grenzen der Ort sind, an dem ich Gott erfahren kann, das zeigt auch der Vers aus Psalm 143: „Ich breite meine Hände aus zu dir, meine Seele dürstet nach dir wie ein dürres Land" (Ps 143,6). Unser Leben wird immer fragmentarisch bleiben. Das gehört zum Menschsein.

Der Kreis

Odilo Lechner

Ein unvergessenes Erlebnis im Kindergarten: Jeder sollte auf einem weißen Blatt Papier etwas nach Gutdünken zeichnen. Ich fing an, das weiße Blatt mit einem großen Kreis zu füllen und ihn langsam nach innen zu wenden. Das Mädchen, das neben mir saß, schaute bewundernd herüber: Was wird das Großes und Schönes? Ich schaute auf ihr Blatt und fand nur ein kleines Bäumchen am Rand und wandte mich befriedigt wieder meinem großen Entwurf zu. Meine Hand zog weitere Kreise in der Hoffnung, meine Hand würde noch eine schöne Mitte gestalten. Aber unerbittlich zog es meine Hand weiter zu immer kleineren Kreisen, die schließlich in einem Punkt endeten. Meine Nachbarin, deren Blatt sich allmählich doch noch mit einigen Sträuchern und Bäumen und Tieren gefüllt hatte, sagte nun zu mir herüber: Ach, jetzt gefällt mir dein Bild nicht mehr. Es sind ja nur Kreise. Insgeheim gab ich ihr Recht. Die vielen kleinen Dinge, die sie gezeichnet hatte, waren lebendiger und lieblicher als die Kreisspirale auf meinem Blatt.

So ist es mir oft im Leben gegangen: Statt mich mit Einzelheiten, mit Kleinigkeiten zu beschäftigen, träumte ich von dem großen Wurf, der mir im Leben gelingen sollte. So habe ich später denn auch lieber großen philosophischen Ideen nachgehangen, als mich etwa mit einzelnen Daten der Geschichte herumzuschlagen. Und oft musste ich erfahren, dass alle maßlosen Erwartungen zusammenschmolzen auf einen kleinen Punkt. Die große Idee eines großartigen Lebens kann nur Wirklichkeit werden in ganz kleinen Schritten, in alltäglichen Tätigkeiten, in der liebevollen Sorge um das Detail. In der Regel des heiligen *Benedikt*, in der Suche nach dem unendlichen Gott, geht es um eine gute Ordnung des Endlichen, um das rechte Maß. Die große Änderung, die Hinwendung zum Ewigen geschieht im rechten Gebrauch von Zeit und Ort, in der rechten Gestaltung des kleinen Teiles der Welt, der mir anvertraut ist, in der rechten Ordnung von Arbeit und Gebet, von meditativer Muße und treuem Dienst, von Essen und Trinken, von Schlafen und Wachen.

Freilich ist mir das Bild dieser Kreisbewegung auf die Mitte hin mehr und mehr auch als positive Aufgabe erschienen: Aus dem Umherschweifen in die Weite werden wir immer mehr zur Mitte geführt. Die Kreise unserer Unternehmungen werden immer kleiner, und wir schrecken nicht davor zurück, sondern können es bejahen. Es ist der Weg Benedikts, der Weg der Demut, wie ihn das längste, das siebte Kapitel seiner Regel schildert. Kleinerwerden, sich erniedrigen bedeutet Erhöhung. Alles wird reduziert auf den einen Punkt der Mitte, in dem alles zusammengefasst ist, in den alle Wege münden. Ja es wäre schön, wenn alle meine Wege mich immer mehr zur Mitte führen würden, wo ich ganz bei mir selbst bin, wo ich – ganz klein geworden – der Fülle Gottes innewerde.

In Beziehung leben

Bärbel Wartenberg-Potter

Für mein Examen hatte ich mir vorgenommen, die Bergpredigt gründlich zu studieren. Die Idee kam mir, als ich
von *Gandhis* Interesse an der Bergpredigt gehört hatte. Da
war ein Mensch, ein Hindu, der sich für einen Bibeltext in-
teressierte und sagte, dort sei formuliert, was er über die
Gewaltfreiheit, über die Bewältigung der Konflikte unter
den Menschen zu sagen habe. Seltsamerweise hat dieser
„fremde Blick" auf die Sache mich mehr interessiert als die
vielen Kommentare … Während der Zeit der Friedensbewe-
gung bekam die Bergpredigt eine ganz neue Bedeutung.
„Mit der Bergpredigt kann man keine Politik machen", hielt
man den Friedensengagierten entgegen. Dagegen stand und
steht die Frage: Kann man denn ohne die Bergpredigt Politik machen? Was für eine Politik wäre das dann? *Dietrich
Bonhoeffer* hatte die Bergpredigt ausgelegt unter dem Stich-
wort „Nachfolge".

Manches habe ich von ihm gelernt. Aber den Schlüssel
habe ich schließlich woanders gefunden. Nämlich, dass es in
der Bibel von der ersten bis zur letzten Seite um Beziehung
geht. Das hat in unserer Zeit am deutlichsten *Martin Buber*
in seinem Buch „Ich und Du" formuliert. Es geht immer um
die Beziehung Gottes zu den Menschen, der Menschen zu
Gott, der Menschen zueinander und zu sich selbst.

„Die Grundfigur, in der sich ein Mensch erkennen
kann, ist nicht der Kreis und sie selbst wären der Mittelpunkt. Sondern die Grundfigur ist die Ellipse, die Bahn
der Erde, der Planeten um die Sonne: Ich bin ich selbst nicht
für mich, nicht allein; sondern ich bin, der ich bin, in Beziehung – in Beziehung zum anderen Brennpunkt, einem mir
gegenüber" (Jörn Halbe). Und dieser andere Brennpunkt ist

Gott und sind die Mitmenschen. Beide fallen nicht in eins. Und doch begegnet uns Gott in den Worten, den Taten, im Blick, im Schrei der Mitmenschen.

Alles kommt darauf an, dass diese Beziehung gelingt, dass es richtige, den anderen gerecht werdende Beziehungen sind … „Weil ich dich liebe" ist das Bekenntnis Gottes zu seinem Volk (Jesaja 43,4), dem er liebend gerecht wird, indem er ihm hilft, den Weg zum Leben in Frieden und Gerechtigkeit zu gehen. Gerechtigkeit – nicht die mit den verbundenen Augen, sondern gerade die sehende, die mit den Augen der Empathie und *compassion* die Welt anschaut, die sieht, wo es fehlt: den Armen, den Witwen, den Fremden, den Kranken, dem Reichen Jüngling, dem Zöllner Zachäus, den Fischern, den Frauen, den Kindern, den Aussätzigen, dem römischen Hauptmann, Maria und Martha, der gekrümmtem Frau.

Ihnen gerecht werden und darin Glück finden, das wäre die Erfüllung des biblischen Gerechtigkeitsweges. Damit alle am *schalom* teilhaben, am konkreten Frieden, in dem jeder wohnen kann „unter seinem Weinstock und Feigenbaum …, und niemand wird sie schrecken" (Micha 4,4). Die Bergpredigt spricht über nichts anderes: Wohl euch, die ihr hungert und dürstet nach der Gerechtigkeit, nach den gerechten, richtigen Beziehungen zu Gott und zu den Menschen. Ihr werdet satt werden. Ihr findet das Glück.

Mit diesem Schlüssel kann man alle Sätze der Bergpredigt aufschließen. Wir lernen Gott kennen: wie Gott handelt, wie Gott ist, wie Gott gibt und gegenwärtig ist. Und viel über die Befähigung, das menschliche Zusammenleben so zu gestalten, dass wir auf den *schalom*, den Zustand der Ganzheit zugehen, in dem die Ansprüche der Gemeinschaft erfüllt sind … Es geht um das Heil der Menschen und die Heilung alles dessen, was beschädigt ist an der Menschen Leib und Seele.

Quellenverzeichnis

Petra Altmann, Aufbruch in die Stille. 33 Kloster-Inspirationen. Herder Spektrum Taschenbuch. Verlag Herder GmbH, Freiburg im Breisgau 2010.

Petra Altmann, Das ABC der Dankbarkeit. Herder Spektrum Taschenbuch. Verlag Herder GmbH, Freiburg im Breisgau 2011.

Petra Altmann/Odilo Lechner, Leben nach Maß. Die Regel des heiligen Benedikt für Menschen von heute. Verlag Herder GmbH, Freiburg im Breisgau 2009.

Benedikt XVI., Licht der Welt. Der Papst, die Kirche und die Zeichen der Zeit. Ein Gespräch mit Peter Seewald. © Libreria Editrice Vaticana, Città del Vaticano / für die deutschsprachige Ausgabe: © Verlag Herder GmbH, Freiburg im Breisgau [3]2010.

Otto Betz, Elementare Symbole. Die Zeichensprache der Seele. Verlag Herder GmbH, Freiburg im Breisgau 2009.

Dietrich Bonhoeffer, Widerstand und Ergebung. © by Gütersloher Verlagshaus, Gütersloh, in der Verlagsgruppe Random House GmbH, München.

Phil Bosmans, Mensch, ich hab dich gern. Herausgegeben von Ulrich Sander. Herder Spektrum Taschenbuch. Verlag Herder GmbH, Freiburg im Breisgau 2010.

Phil Bosmans, Vitamine fürs Herz. Das große Lesebuch. Herausgegeben von Ulrich Schütz. Verlag Herder GmbH, Freiburg im Breisgau 2010.

Joan Chittister, Das Leben beginnt in dir. Weisheitsgeschichten aus der Wüste. Aus dem Amerikanischen von Annette Nau. Verlag Herder GmbH, Freiburg im Breisgau 2011.

Peter Dyckhoff, Auf dem Weg in die Nachfolge Christi. Geistlich leben nach Thomas von Kempen. Verlag Herder GmbH, Freiburg im Breisgau [7]2010.

Ylva Eggehorn, Ich hörte Saras Lachen. Frauen in der Bibel. Verlag Herder GmbH, Freiburg im Breisgau ²2009.

Michael Fischer (Hg.), Buch der Ruhe und Stille. Inspirationen aus dem Geist der Klöster. Vorwort und Epilog von David Steindl-Rast, Verlag Herder GmbH, Freiburg im Breisgau 2003.

Anselm Grün, Engel für das Leben. Herder Spektrum Taschenbuch. Verlag Herder GmbH, Freiburg im Breisgau 2001.

Anselm Grün, Das kleine Buch der Lebenslust. Herausgegeben von Anton Lichtenauer. Herder Spektrum Taschenbuch. Verlag Herder GmbH, Freiburg im Breisgau 2004.

Anselm Grün, Heilsame Worte. Gebete für ein ganzes Leben. Verlag Herder GmbH, Freiburg im Breisgau 2010.

Anselm Grün (Hg.), Die Stille beginnt in dir. Inspirierende Gedanken aus dem Kloster. Verlag Herder GmbH, Freiburg im Breisgau 2011.

Christian Heidrich, Auf der Suche nach der Glut. Essays zum Evangelium. Verlag Herder GmbH, Freiburg im Breisgau 2006.

Schwester Gisela Ibele, 100 Himmlische Gedanken. Atempausen für die Seele. Verlag Herder GmbH, Freiburg im Breisgau 2010.

Margot Käßmann, Gut zu leben. Gedanken für jeden Tag. Herder Spektrum Taschenbuch. Verlag Herder GmbH, Freiburg im Breisgau 2004.

Margot Käßmann, Mehr als fromme Wünsche. Was mich bewegt. Herder Spektrum Taschenbuch. Verlag Herder GmbH, Freiburg im Breisgau ⁴2011.

Margot Käßmann, In der Mitte des Lebens. Verlag Herder GmbH, Freiburg im Breisgau ⁵2011.

Odilo Lechner, Zeichen auf dem Weg. Stationen meines Lebens. Verlag Herder GmbH, Freiburg im Breisgau 2011.

Sylvia Müller/Ulrich Sander (Hg.), Glücksgedanken für die Seele. Herder Spektrum Taschenbuch. Verlag Herder GmbH, Freiburg im Breisgau 2011.

Antje Sabine Naegeli, Umarme mich, damit ich weitergehen kann. Gebete des Vertrauens. Verlag Herder GmbH, Freiburg im Breisgau 2010.

Henri Nouwen, Nach Hause finden. Wege zu einem erfüllteren Leben. Herder Spektrum Taschenbuch. Verlag Herder GmbH, Freiburg im Breisgau 2010.

Henri Nouwen/Vincent van Gogh, Feuer in meinem Herzen. Die Kraft der Mitmenschlichkeit. Hg. von Franz Johna. Verlag Herder GmbH, Freiburg im Breisgau 2006.

Karl Rahner, Worte gläubiger Erfahrung. Hg. von Alice und Robert Scherer. Mit einem Lebensbild von Christian Feldmann. Verlag Herder GmbH, Freiburg im Breisgau 2009.

Richard Rohr, Hoffnung und Achtsamkeit. Der spirituelle Weg für das 21. Jahrhundert. Verlag Herder GmbH, Freiburg im Breisgau, Neuausgabe 2010.

Andrea Schwarz, Und jeden Tag mehr leben. Jahreslesebuch. Verlag Herder GmbH, Freiburg im Breisgau [4]2010.

Andrea Schwarz, Bleib dem Leben auf der Spur. Unterwegs nach Afrika. Verlag Herder GmbH, Freiburg im Breisgau 2010.

Andrea Schwarz, Bunter Faden Leben. Mutmachtexte. Hg. von Ulrich Sander. Verlag Herder GmbH, Freiburg im Breisgau 2010.

Christa Spilling-Nöker. Einfach gerne leben! 365 gute Tage. Verlag Herder GmbH, Freiburg im Breisgau 2008.

Christa Spilling-Nöker, 50 Zutaten zum Glück. Von A wie Apfel bis Z wie Zimt. Herder Spektrum Taschenbuch. Verlag Herder GmbH, Freiburg im Breisgau 2010.

[David Steindl-Rast] Perlen der Weisheit: Die schönsten Texte von David Steindl-Rast. Hg. von Ulla Bohn. Herder Spektrum Taschenbuch. Verlag Herder GmbH, Freiburg im Breisgau 2010.

Pierre Stutz, Atempausen für die Seele. Herder Spektrum Taschenbuch. Verlag Herder GmbH, Freiburg im Breisgau [4]2006.

Pierre Stutz, Heilende Momente für die Seele. Herder Spektrum Taschenbuch. Verlag Herder GmbH, Freiburg im Breisgau 2008.

Bruder Paulus Terwitte/Marcus C. Leitschuh, So einfach kann das Leben sein. Ein Leitfaden zum Glück. Verlag Herder GmbH, Freiburg im Breisgau 2010.

Weifan Wang, Die Weisheit der Lilien. Meditationen eines chinesischen Christen. Hg. und ins Deutsche übertragen von Monika Gänßbauer. Verlag Herder GmbH, Freiburg im Breisgau 2010.

Bärbel Wartenberg-Potter, Wes Brot ich ess, des Lied ich sing. Die Bergpredigt lesen. Verlag Herder GmbH, Freiburg im Breisgau 2007.

Notker Wolf, Gönn dir Zeit. Es ist dein Leben. Verlag Herder GmbH, Freiburg im Breisgau 2009.

Notker Wolf, Die sieben Säulen des Glücks. Tugenden zum Leben. Verlag Herder GmbH, Freiburg im Breisgau 2011.

Textnachweise

S. 13: Zitiert nach: Wolf, Gönn dir Zeit 151.

S. 16: Ibele, 100 Himmlische Gedanken 19.

S. 17: Zitiert nach Müller / Sander, Glücksgedanken 7–8.

S. 18: Altmann, ABC der Dankbarkeit.

S. 20: Spilling-Nöker, Einfach gerne leben 6–7.

S. 22: Altmann, Aufbruch in die Stille 10–11; 90–92

S. 24: Aus: Schwarz, Mit Leidenschaft und Gelassenheit, Freiburg im Breisgau ²1995, jetzt in: Schwarz, Bunter Faden Leben 80–81.

S. 25: Ibele, 100 Himmlische Gedanken 20; 21; 27; 119; 130.

S. 28: Stutz, Atempausen 15–28 (Auszüge).

S. 31: Grün, Heilsame Worte 233–236 (Auszug).

S. 36: Ibele, 100 Himmlische Gedanken 28.

S. 37: Käßmann, In der Mitte des Lebens 37–38.

S. 38: Wolf, Gönn dir Zeit 14–24 (Auszüge).

S. 40: Altmann, Aufbruch in die Stille 65–68.

S. 42: Zitiert nach: Perlen der Weisheit: David Steindl-Rast 27; 25–26.

S. 43: Grün, Lebenslust 62–63.

S. 44: Betz, Elementare Symbole 145–147.

S. 46: Bosmans, Mensch, ich hab dich gern 46–47; 49–51.

S. 48: Spilling-Nöker, 50 Zutaten zum Glück 9–10; 26–27; 29.

S. 50: Schwarz, Und jeden Tag mehr leben 379.

S. 52: Lechner, Zeichen auf dem Weg 49–51.

S. 54: Schwarz, Bunter Faden Leben 73–74; 71; 72.

S. 58: Ibele, 100 Himmlische Gedanken 41.

S. 59: Bosmans, Mensch, ich hab dich gern 99; Vitamine 204.

S. 60: Altmann, ABC der Dankbarkeit.

S. 64: Grün, Freude und Dankbarkeit; zit. nach: Grün (Hg.), Stille 33–34.

S. 66: Naegeli, Umarme mich 148.

S. 67: Wolf, Gönn dir Zeit 149–152.

S. 70: Schwarz, Bleib dem Leben auf der Spur 40–41; 46–48.

S. 72: Rohr, Hoffnung und Achtsamkeit 249–251 (Auszug).

S. 76: Ibele, 100 Himmlische Gedanken 54.

S. 77: Käßmann, Gut zu leben 13–14.

S. 78: Grün, Engel für das Leben 31–33 (Auszüge).

S. 79: Chittister, Das Leben beginnt in dir 53–57.

S. 82: Heidrich, Auf der Suche 156–158 (Auszug).

S. 84: Eggehorn, Ich hörte Saras Lachen 43–45.

S. 86: Terwitte/Leitschuh, So einfach kann das Leben sein 60–64 (Auszug).

S. 88: Stutz, Heilende Momente 87–89 (Auszüge).

S. 89: Dyckhoff, Auf dem Weg in die Nachfolge Christi 66; 69; 48–49.

S. 90: Benedikt XVI., Licht der Welt 130–131. © Libreria Editrice Vaticana, Città del Vaticano / für die deutschsprachige Ausgabe: © Verlag Herder GmbH, Freiburg im Breisgau 2010.

S. 91: Nouwen, Feuer in meinem Herzen 16–17; 74–75.

S. 93: Rahner, Worte 37.

S. 96: Ibele, 100 Himmlische Gedanken 30.

S. 97: Zitiert nach: Perlen der Weisheit: David Steindl-Rast 27.

S. 98: Lechner, in: Altmann/Lechner, Leben nach Maß 209–211; 214–215.

S. 100: Wolf, Sieben Säulen 171–173 (Auszug).

S. 101: Käßmann, Mehr als fromme Wünsche 114–115.

S. 102: Dietrich Bonhoeffer, Widerstand und Ergebung © by Gütersloher Verlagshaus, Gütersloh, in der Verlagsgruppe Random House GmbH, München.

S. 103: Nouwen, Nach Hause finden 111–123 (Auszüge).

S. 106: Schwarz, Bleib dem Leben auf der Spur 41–42; 43–46.

S. 112: Ibele, 100 Himmlische Gedanken 17.

S. 113: David Steindl-Rast; zitiert nach: Fischer (Hg.), Buch der Ruhe und Stille.

S. 114: Chittister, Das Leben beginnt in dir 103–106.

S. 116: Zitiert nach: Perlen der Weisheit: David Steindl-Rast 25–28 (Auszug).

S. 118: © bei der Autorin. Mit freundlicher Genehmigung zum Abdruck.

S. 120: Weifan Wang, Die Weisheit der Lilien 18–19.

S. 121: Käßmann, In der Mitte des Lebens 133–136.

S. 124: Lechner, Zeichen auf dem Weg 11–13.

S. 126: Wartenberg-Potter, Wes Brot ich ess 23–24; 26–27.

Verzeichnis der Autorinnen und Autoren

PETRA ALTMANN, Dr. phil., freie Journalistin und Buchautorin, erfolgreiche Veröffentlichungen zum Thema Klosterimpulse und Werte, bei Herder „Leben nach Maß. Die Regel des heiligen Benedikt für Menschen der Gegenwart" (zusammen mit Odilo Lechner 2009), „Aufbruch in die Stille" (2010), „Das ABC der Dankbarkeit" (Mai 2011).

BENEDIKT XVI. (JOSEPH RATZINGER), geb. 1927, 1977–1981 Erzbischof von München und Freising, 1981–2005 Präfekt der Glaubenskongregation, 19. April 2005 zum Papst gewählt. Zahlreiche Veröffentlichungen bei Herder, zuletzt: „Licht der Welt" (2010).

OTTO BETZ, geb. 1927, Prof. Dr., 1964–1985 Professor für allgemeine Erziehungswissenschaft und Pädagogik an der Universität Hamburg. Autor und Herausgeber zahlreicher Veröffentlichungen zu Themen der Spiritualität, Literatur, Anthropologie und Religionspädagogik. Zuletzt bei Herder: „Elementare Symbole. Die Zeichensprache der Seele" (2009).

DIETRICH BONHOEFFER, 1906–1945, ev. Pfarrer und Theologe; Widerstandskämpfer gegen das Hitler-Regime und Martyrer. Weltbekannt sind seine Briefe und Aufzeichnungen aus der Haft „Widerstand und Ergebung".

PHIL BOSMANS, geb. 1922, kath. Priester und Ordensmann, Begründer des „Bundes ohne Namen". Zahlreiche Veröffentlichungen (Weltgesamtauflage bei geschätzten über 9 Millionen). Zuletzt bei Herder u.a. „Mensch, ich hab dich gern" (2010), „Vitamine fürs Herz" (2010).

JOAN CHITTISTER, Dr. theol., Benediktinerin, Erfolgsautorin, Dozentin, Leiterin von Kursen mit Auftritten im Fernsehen und eigener Internetpräsenz (www.benetvision.org). In den Vereinigten Staaten eine der führenden Stimmen für ein Christentum, das an Lebensweisheit interessiert ist und den Dialog sucht. Sie unterstützt Initiativen für Frauen und für Frieden und interreligiösen Dialog. Bei Herder: „Weisheitsgeschichten aus den Weltreligionen. Antworten auf die Fragen des Lebens" (2009), „Das Leben beginnt in dir. Weisheitsgeschichten aus der Wüste" (2011).

PETER DYCKHOFF, geb. 1937, Dr. theol., nach dem Studium der Psychologie viele Jahre als Geschäftsführer eines mittelständischen Unternehmens tätig. 1981 zum Priester geweiht, als Gemeinde-, Wallfahrts- und Krankenhausseelsorger tätig, Leiter der bischöflichen Bildungsstätte „Haus Cassian". Heute als Autor, Referent und Exerzitienleiter tätig. Zahlreiche erfolgreiche Veröffentlichungen zur Mystik und christlichen Spiritualität, Fernsehsendungen auf k-tv und Bibel-TV; Internetseite: www.PeterDyckhoff.de. Bei Herder u. a.: „Auf dem Weg in die Nachfolge Christi. Geistlich leben nach Thomas von Kempen" ([7]2010), „Sonnenuntergänge. Vom Abschied aus dieser Welt" ([2]2011).

YLVA EGGEHORN, geb. 1950, mit zahlreichen Preisen ausgezeichnete schwedische Schriftstellerin: Gedichte, Romane, Erzählungen, Liedtexte. Auf Deutsch bei Herder: „Ich hörte Saras Lachen. Frauen in der Bibel" ([2]2009), „Wo die Löwen wohnen. Männer in der Bibel" (2009).

MONIKA GÄNSSBAUER, PD Dr., geb. 1968, Studium von Sprache und Literatur Chinas sowie der Politikwissenschaft in Erlangen, Bochum und Peking. 1996–2009 Leiterin der „China Info-Stelle" evangelischer Missionswerke Deutschlands, 1999–2009 Leiterin des Ostasienreferats im Nordelbischen Missionszentrum. Seit 2009 am Lehrstuhl für Sinologie der Friedrich-Alexander-Universität Erlangen-Nürnberg.

ANSELM GRÜN, geb. 1945; Dr. theol., Benediktiner und Verwalter der Abtei Münsterschwarzach; geistlicher Berater, Begleiter und Autor höchst erfolgreicher Veröffentlichungen. Zuletzt bei Herder u. a.: „Heilsame Worte. Gebete für ein ganzes Leben" (2010), „Die Stille beginnt in dir. Inspirierende Gedanken aus dem Kloster" (2011) „Einfach leben. Das große Buch der Spiritualität und Lebenskunst" (2011). Internet: www.einfach-leben.de

CHRISTIAN HEIDRICH, geb. 1960 in Oberschlesien, Dr. theol., Theologe, Seelsorger und Publizist. Veröffentlicht unter anderem regelmäßig in der Zeitschrift „Christ in der Gegenwart" und der Literaturzeitschrift „Sinn und Form". Im Verlag Herder: „Auf der Suche nach der Glut" (2006).

GISELA IBELE , geb. 1963, Franziskanerin von Reute, Ausbildung zur Erzieherin und Gemeindereferentin, Leiterin des Projektes „Sinn-Welt Jordanbad" (www.jordanbad.de). Zuletzt bei Herder: „100 Himmlische Gedanken. Atempausen für die Seele" (2010).

MARGOT KÄSSMANN, Dr. theol., geb. 1958, Mutter von vier Kindern, Theologin und Pfarrerin. 1999–2010 Landesbischöfin der evangelisch-lutherischen Kirche Hannovers. 2009/2010 Ratsvorsitzende der Evangelischen Kirche in Deutschland. Zuletzt bei Herder: „In der Mitte des Lebens" (2009), „Gesät ist die Hoffnung" (2011).

ODILO LECHNER, Dr. phil., geb. 1931, 1964–2003 Abt der Klöster St. Bonifaz und Andechs. Einer der bekanntesten Benediktiner Deutschlands, Autor zahlreicher erfolgreicher Bücher. Zuletzt bei Herder (zusammen mit Petra Altmann): „Leben nach Maß. Die Regel des heiligen Benedikt für Menschen der Gegenwart" (2009), (zusammen mit Christian Feldmann) „Begleitet von den Heiligen" (2009), „Zeichen auf dem Weg. Stationen meines Lebens" (2011).

MARCUS C. LEITSCHUH, Religionslehrer bei Kassel, Mitglied im Zentralkomitee der deutschen Katholiken, zahlreiche Veröffentlichungen, zuletzt bei Herder: „So einfach kann das Leben sein. Ein Leitfaden zum Glück" (zusammen mit Bruder Paulus Terwitte, 2010).

ANTJE SABINE NAEGELI, geb. 1948, Studium der evangelischen Theologie, psychotherapeutische Ausbildung zur Logotherapeutin und Existenzanalytikerin. Lebt und praktiziert in St. Gallen. Bei Herder: „Du hast mein Dunkel geteilt. Gebete an unerträglichen Tagen" ([8]2010); „Die Nacht ist voller Sterne. Gebete in dunklen Stunden" ([8]2010); „Umarme mich, damit ich weitergehen kann. Gebete des Vertrauens" (2010).

HENRI NOUWEN, 1932–1996; gab eine Karriere als Hochschulprofessor auf und schloss sich der von Jean Vanier gegründeten „Arche"-Bewegung eines gemeinsamen Lebens mit behinderten Menschen an. Zuletzt bei Herder: „Christi Weg nach unten" (2009), „Geliebt sein. Was es heißt, heute als Christ zu leben" (2009), „Nach Hause finden" (Neuausgabe 2010).

KARL RAHNER (1904–1984), Jesuitenpater, Konzilsberater und führender deutschsprachiger Theologe des 20. Jahrhunderts. Im Verlag Herder erscheint die 32-bändige Gesamtausgabe seiner Schriften „Karl Rahner Sämtliche Werke". Zuletzt bei Herder u. a. „Worte gläubiger Erfahrung. Herausgegeben von Alice und Robert Scherer. Mit einem Lebensbild von Christian Feldmann" (2009).

RICHARD ROHR, geb. 1943, Franziskanerpater, Gründer des „Zentrums für Aktion und Kontemplation" in New Mexico /USA, international bekannter und gefragter Vertreter einer zeitgenössischen christlichen Spiritualität. Zuletzt bei Herder: „Ins Herz geschrieben. Die Weisheit der Bibel als spiritueller Weg" ([2]2009), „Auf dem Weg nach Weihnachten"

(2009), „Hoffnung und Achtsamkeit. Der spirituelle Weg für das 21. Jahrhundert" (Neuausgabe 2010).

ANDREA SCHWARZ, geb. 1955, ausgebildete Industriekauffrau und Sozialpädagogin, viele Jahre in der Gemeindearbeit, heute als gefragte Referentin und Trainerin tätig sowie ehrenamtlich bei Projekten der Mariannhiller Schwestern in Südafrika. Sie gehört zu den meistgelesenen christlichen Schriftstellern unserer Zeit. Zuletzt bei Herder: „Wenn die Orte ausgehen, bleibt die Sehnsucht nach Heimat" (2009), „Bunter Faden Leben" (2010), „Mehr leben! Eine Auszeit mit dem Propheten Elija" (2011).

CHRISTA SPILLING-NÖKER, Dr. phil., geb. in Hamburg, ev. Pfarrerin mit pädagogischer und tiefenpsychologischer Ausbildung. Zahlreiche erfolgreiche Veröffentlichungen. Zuletzt bei Herder u.a. „Ein Engel dir zur Seite. Mit Bildern von Marc Chagall" (2010), „50 Zutaten zum Glück" (2010), „Himmlische Küche. Kochbuch für die christlichen Feste" (2010).

DAVID STEINDL-RAST, geb.1926 in Wien, studierte Kunst, Anthropologie und Psychologie. 1953 Eintritt in das neu gegründete Benediktinerkloster Mount Saviour in Elmira (Vereinigte Staaten, Bundesstaat New York). Schwerpunkte seines Wirkens sind die mystischen Traditionen des Christentums und der weltweite Dialog der Religionen. Zuletzt bei Herder: „Perlen der Weisheit: Die schönsten Texte von David Steindl-Rast. Hg. von Ulla Bohm" (2010), „Credo. Ein Glaube, der alle verbindet" (2011).

PIERRE STUTZ, geb. 1953; spiritueller Begleiter, Dichter und Autor viel beachteter Bücher. Bei Herder u.a.: „Zeit für dich selbst" (ein Aufstellbuch mit Fotografien von Andrea Goeppel, 2009), „In der Weite des Himmels. Ein meditativer Gang durch die Bibel" (2011), „Was meinem Leben Tiefe gibt. Schritte zum Dasein" (Neuausgabe 2011). Im Internet: www.pierrestutz.ch

PAULUS TERWITTE, geb. 1959, Kapuzinermönch und Priester, geschätzter Beicht- und Gesprächsseelsorger, bekannt als TV-Moderator in SAT1 und N24, Guardian des Kapuzinerklosters Liebfrauen in Frankfurt am Main, zahlreiche Veröffentlichungen, zuletzt bei Herder: „So einfach kann das Leben sein. Ein Leitfaden zum Glück" (zusammen mit Marcus C. Leitschuh, 2010).

WEIFAN WANG, geb. 1927, graduierte 1955 am Theologischen Seminar von Nanjing, 1958 zur Zwangsarbeit nach Qixiashan im Norden der Provinz Jiangsu abgeordert, während der „Kulturrevolution" (1966–1976) politisch geächtet, ab 1969 zwangsweise Fabrikarbeit. 1979 rehabilitiert, Lehrer am Nanjinger Theologischen Seminar bis 1999. Auf Deutsch bei Herder: „Die Weisheit der Lilien. Meditationen eines chinesischen Christen" (2010).

BÄRBEL WARTENBERG-POTTER, geb. 1943, 2001–2008 Bischöfin des Sprengels Holstein-Lübeck der Nordelbischen Evangelisch-Lutherischen Kirche mit Bischofssitz in Lübeck. Bei Herder: „Wes Brot ich ess, des Lied ich sing. Die Bergpredigt lesen" (2007).

NOTKER WOLF, geb. 1940, Dr. phil., seit 1961 Mönch der Benediktinerabtei St. Ottilien, 1977 zum Erzabt gewählt, seit 2000 Abtprimas der Benediktiner mit Sitz in Rom. Sehr erfolgreiche Veröffentlichungen. Zuletzt bei Herder: „Gönn dir Zeit. Es ist dein Leben" (2009), „Die sieben Säulen des Glücks" (2011).

Wünsche, die
von Herzen kommen

**Phil Bosmans
Mit allen guten Wün-
schen zum Geburtstag**
64 Seiten, gebunden
ISBN 978-3-451-32377-5

**Phil Bosmans
Danke sagt mein Herz
für alles Gute**
64 Seiten, gebunden
ISBN 978-3-451-32378-2

In jeder Buchhandlung

HERDER
Lesen ist Leben

www.herder.de

Phil Bosmans Worte vermitteln eine große Sympathie
für die Menschen. Ob aufmunternde Worte oder
Gedanken des Trostes: Wünsche die von Herzen
kommen, für Menschen, die uns wichtig sind.

Phil Bosmans
Ein freundlicher
Sonnenstrahl in Tagen
der Krankheit
64 Seiten, gebunden
ISBN 978-3-451-32379-9

Phil Bosmans
Ein Engel des Trostes
in Zeiten des Abschieds
64 Seiten, gebunden
ISBN 978-3-451-32381-2

In jeder Buchhandlung

HERDER
Lesen ist Leben

www.herder.de

Momente für mich

Harmonie –
Momente für mich
64 Seiten, gebunden
ISBN 978-3-451-30349-4

Stille –
Momente für mich
64 Seiten, gebunden
ISBN 978-3-451-30446-0

In jeder Buchhandlung

HERDER
Lesen ist Leben

www.herder.de

Innehalten und aufatmen, Kraft schöpfen, zu
sich selbst kommen: „Momente für mich" mit
spirituellen Texten von Phil Bosmans, Anselm Grün,
Christa Spilling-Nöker und Pierre Stutz.

Freude –
Momente für mich
64 Seiten, gebunden
ISBN 978-3-451-30447-7

Kraft –
Momente für mich
64 Seiten, gebunden
ISBN 978-3-451-30448-4

In jeder Buchhandlung

HERDER
Lesen ist Leben

www.herder.de

© Verlag Herder GmbH, Freiburg im Breisgau 2011
Alle Rechte vorbehalten
www.herder.de

Umschlagmotiv: © I Dream Stock/Masterfile

Umschlaggestaltung:
Weiß-Freiburg GmbH – Graphik & Buchgestaltung

Satz:
SatzWeise, Föhren

Herstellung: GGP Media GmbH, Pößneck

Gedruckt auf umweltfreundlichem,
chlorfrei gebleichtem Papier
Printed in Germany

ISBN 978-3-451-32415-4